現代経営学の本質

高木直人・水野清文 編著

五 絃 舎

はしがき

企業を取り巻く環境は，時代の経過に伴って変化します。それはどの学問にもいえることです。しかし，時代は変わっても現代に通じる根幹となる理論があります。本書はその経営学の本質について紹介します。

本書の特徴は3つあります。

1つ目は，本書を読み進めるに先立ち，皆さんが描く（漠然としたものでもよい）将来を想定して，筆者の経験をもとに，主に大学生の読者の皆さんを対象に将来の方向性にあわせたメッセージを示していることです。第1章「経営学の学び方(1) ―経営学をはじめて学ぶ人へ―」は，これまで経営学の研究はもとより大学キャリア教育をしてきた髙木直人が，経営学の科目構成と概要，さらには民間企業・公務員を目指す人に向けた学びのポイントを記述しています。第2章「経営学の学び方(2) ―高等学校商業科教員を目指す人へ―」は，高等学校で商業教育の経験がある水野清文が，高等学校商業科教員を目指す人に向けた学びのポイントを記述しています。

2つ目は，経営学の初学者である大学生と社会人の読者の皆さんを対象とした構成と内容となっていることです。学問としてのレベルは初心者向けとし，理解しやすくするため平易な言葉を用いるように心掛けるとともに，基本的な概念や通説を体系的に学べる構成となっています。

3つ目は，読者の皆さんが経営学の基礎と本質について興味を深められるように工夫していることです。

本書の構成は，まず，「経営学の登場」（第3章）で経営学が学問として注目された経緯を解説しています。次に，「経営管理思想史」（第4章，第5章）では，経営学の根幹であり，第 6 章以降の現代経営学につながる内容について解説しています。

本書の内容が机上の空論にならないためにも，経営学の理論と実際を照らし合わせることを意識しながら読み進めていただければ幸いです。本書を通して経営学の理解を深め，同時に日常生活としての消費者の視点にあわせて，企業経営者の視点で物事を考えることで，経営の在り方や課題を発見する手掛かりを見出すきっかけになることを願っています。

最後に，本書の出版を快くお引き受けいただいた五絃舎の長谷雅春社長，ならびにご多忙の中，本書の企画にご賛同いただき原稿をお寄せくださいました諸先生方に厚く感謝を申し上げます。

2023年 4 月

高木直人・水野清文

目　次

第１章　経営学の学び方 (1)
―経営学をはじめて学ぶ人へ―

第１節　経営学と関連科目

皆さんが，大学に入学して「経営学入門」など高校時代にあまり触れることがなかった科目が大学のカリキュラムには配置されている。ただし，国内の大学で本格的に経営学を学ぼうとする場合は，「経営学」「経営学入門」「経営学概論」「経営学総論」のいずれかを学ぶことになるであろう。

この「経営学」「経営学概論」「経営学総論」などは，経営学をこれから学ぶうえでの基礎科目として配置されている。また，経営学部で経営を学ぶ学生には，一般的に１年生の配当の必修科目として設置されている。簡単なイメージとして以下の図１－１を参考にして欲しい。

図表１－１　経営学の主要科目の構成

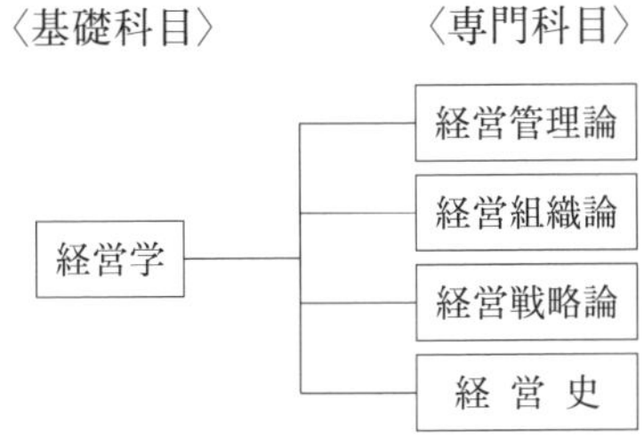

出所：筆者作成。

経営学を学ぶうえでの基礎科目として配置されている「経営学」では，必ず専門科目を学ぶための基礎的な知識が盛り込まれている。図に示すとおり，「経営管理論」「経営組織論」「経営戦略論」「経営史」などが専門科目として配置されている。

本書も皆さんが本格的に経営学を学ぶために必要な経営学の基礎知識となる内容を取り入れている。カリキュラムに配置される専門科目では，どのような内容を学ぶのかを次節で説明する。

第２節　本書の専門科目の概要

経営学を学ぶ学部などには，関連する専門科目として「経営管理論」「経営組織論」「経営戦略論」と呼ばれる科目は必ずといっていいほど配置されている。他にも，図であげた「経営史」を配置している大学も多い。

なお，経営学の専門科目は他にも，「経営原理」「経営学説史」「意思決定論」「リーダーシップ論」「人的資源管理」「人事労務論」「労使関係論」「組織行動論」「経営行動科学」「経営心理学」「経営哲学」「中小企業論」「マーケティング論」「イノベーション論」「経営財務論」など，多数の関係科目が存在している。

本書は，はじめて経営学を学ぶことを念頭に，基本的な概念や通説を体系的に学べる内容としている。特に，経営の重要な分野・テーマ（企業，経営管理思想，経営戦略，経営組織，企業文化，生産管理，経営史，経営管理，経営基本機能，経営環境など）について基本的な理論を学修し，経営学の全体像を掴み，経営各論に進むための基礎づくりを目標として作成されている。その中でも，企業の経営に関する仕組みや戦略などを理論的に学ぶことで，ビジネス社会で活躍する人材として，問題発見能力と問題解決能力の育成を目指すとともに，「知識・理解」として経営学の諸問題を科学的に理解し説明できるための基礎力も学ぶ。経営学の理論を「実践の理論」として受講生が捉えられる内容としている。

以下では，本書で学ぶ経営学の専門科目の基本的な内容について狙いと概要を説明する。ただし，すべての専門科目の概要に関しては，文字数の関係から取りあげていない。

「経営管理思想史」では，経営学が誕生し，従業員（労働者）の管理が重要視されてきた歴史を知ることと，管理の考え方がどのように変化し，現在ではどのように活かされているのかを理解するための内容としている。特に，組織のマネジメントの理論と実践について，皆さんの知識と論理的思考力などの能力向上を図る。経営学の分野でも特に領域が広く，その基本的体系を理解することと，管理の視点から社会的事象を分析・説明できる能力も養う。経営学を専攻する学生にとって，経営管理は発展科目につながる重要な位置づけにあることから，経営管理の基礎知識の理解に重点を置く。

「経営戦略（論）」では，経営学における中核的科目の一つである経営戦略の理論と実践について考える。経営戦略は，企業経営の重要な中心テーマとして捉えられる。本科目では，経営戦略における基礎理論の修得を到達目標とする。特に，①経営戦略の実践性を加味した理論の理解，②経営戦略の基本フレームワークの理解，③経営戦略のフレームワークを用いた分析力の修得，を目的とする。企業の命運は，大きく捉えると，環境と自社の統合に掛っている。経営戦略は，目まぐるしく変化する市場の中で，企業行動の方向性を決める指針でありシナリオである。本科目では，具体的な事例も扱いながら，優れた経営戦略について探求する。

「経営組織（論）」では，組織とは何かを学ぶ。現代の企業経営は組織によって成り立っている。経営資源のヒト・モノ・カネ・情報を経営目標の達成に向けて上手く活用するためには組織の力が不可欠である。ここでは特に，基本的な知識として，経営学の中で組織論がどのような位置づけにある領域かについて説明をする。また，組織論の歴史的発展の流れや組織論における2つのアプローチについて詳細な説明をする。そうすることで，皆さんが組織論の基本的な概念の意味を説明ができる知識を養うことを目的としている。

「生産管理（論）」では，ものづくりの経営学に関する基礎的な知識や基本的な考え方を学ぶ。ものづくりに着目するのは，経営学自体がものづくり現場とともに発展してきた学問分野であり，日本の製造業発展の原動力でもあったからである。ものづくり企業はどのようにして成長を遂げ，どのような生産システムを構築し，今日の国際競争が激化する中で，どのような課題を抱えているのかを考える。

「マーケティング（論）」では，これからマーケティング分野を中心に学ぶ皆さんはもちろん，他の専門分野を中心に学ぶ人にもマーケティングの入門的な内容を理解することができる内容としている。マーケティングの概念やマーケティング・マネジメント（4P戦略；製品・価格・流通チャネル・コミュニケーション），戦略的マーケティング，分野別マーケティングといった，基本的な理論と戦略を学習してマーケティングの全体像を掴み，マーケティング分野の各論を履修するにあたっての基礎知識をまとめている。

「イノベーション（論）」では，経営学で取り扱われているイノベーション論の体系を示し，イノベーションの定義や経営における必要性の理解を促したのち，個別のイノベーション理論やイノベーション・マネジメントの進め方について学ぶ。ここで学んだ内容を通して，イノベーションに関する基本的な知識を修得するとともに，イノベーションを皆さんが身近なものと認識し，学生自らがイノベーターの素養を身につけることを到達目標とする。

第3節　経営学と経済学は違う

経営学とは，産業革命後に生まれた経営管理を対象にした学問として理解することができる。ここで誤解をしてはならないことは，経営学と経済学は，まったく異なる学問として理解することである。経済学が理論的なのに比べて，経営学は理論と実践を学ぶ学問である。

大きな違いとして，経営学は「企業やあらゆる組織」に注目し，経済学は個人や企業だけでなく国家など「社会全体」の経済活動の仕組みを幅広く学ぶ。

「経営学」と「経済学」を大辞林（三省堂）で調べると，経営学は，企業活動の原理や構造，またその合理的な管理方法などを研究する学問とし，経済学は，人間社会の経済現象，特に，財貨・サービスの生産・交換・消費の法則を研究する学問としている。

ただし，経営学は学際的アプローチが行われている学問であることから，経済学の知識も当然必要とされ，さらに，哲学，心理学，社会学などの知識も必要な学問である。

本書では，今後，経営学を本格的に学びたい学生や社会人向けに，「経営管理」「経営組織」「経営戦略」を学べる入門書として作成している。

第4節　民間企業や公務員を目指す

民間企業を目指す皆さんは，特に経営学の3本柱といわれている，経営管理，経営組織，経営戦略をしっかりと学ぶことが重要である。これらをしっかりと学んでおけば，必ず企業人として必要な基礎知識を身につけているといえるからである。もし，社史などに関心があれば，経営史（企業史）なども学生時代に学んでおくといいかもしれない。

公務員を目指す学生は，公務員試験に出題される次の5つの分野についてよく理解しておくことである。①経営管理思想（経営学説または経営管理）に関しては伝統的管理論・人間関係論・動機づけ理論・意思決定論・コンティンジェンシー理論・リーダーシップ論・経営組織論・経営学説全般に関する問題を，②経営組織に関しては組織形態に関する問題を，③経営戦略に関しては経営多角化とM&A・プロダクトポートフォリオ・競争戦略論・経営戦略全般に関する問題を，④経営学各論に関しては人事労務管理・生産と技術・マーケティング・財務管理に関する問題を，⑤現代企業の経営に関しては企業形態と企業集中・株式会社制度・日本企業と経営・イノベーション論・国際経営・経営史・経営事情などに関する問題，である。

第5節　これからの経営学

経営学が本格的に研究されるようになってから，すでに100年以上が経過している。その間，数多くの経営管理論，経営組織論や経営戦略論に関する理論が提唱されている。経営学を学ぶにあたって，まずは先人が築いてきた理論を学び，経営学の基礎を習得することが，さらなる経営学の探求を行うために必要である。

しかし，近年では，実際に学生が企業へ出向き，実務を見学したり実際に現場で働いたりする企業体験に参加する機会が増えてきている。

その理由として，学生が理論そのものは語れても，現場の課題を解決するために具体的な提案を出せる学生はまだ少ない。なぜなら，学生は現場経験がないから，何をするべきかという質問に対して方向性は示せても，現場でどのように実行していくことが解決に導けるのかという問いかけに的確に応えられることが難しいからである。だからこそ，学生時代に企業体験を行うことによって，経営学が最も重要とする，「理論と実践」の意味が理解できる。

経営学とは，そもそも答えを求める人に答えそのものを与えてくれる学問ではない。着想を与えてくれる学問である。ある物の見方，ある整理の仕方，ある一般性のある構造に関する知識などを与える学問である。自分でどうしたらいいかということは，自分で決めていくしかない。ただし，考える手掛かりとして，経営理論や経営手法が一定のヒントを与えてくれる。

最後に，経営学が，学際的アプローチを活用する本当の意味を理解しておくことである。それは，経営における新たな問題が出現したとき，ある経営問題を的確に説明できる既存の経営理論が存在しない，新たな理論を構築する必要が生まれるからである。そのためには，既存の経営理論にはない新たな理論構築を行うためには，学際的アプローチを活用することになる。

それこそ，経営学が最も得意としている，学際的アプローチを活用し，経営問題を解決させるための新たなる理論の構築が可能となるからである。

第２章　経営学の学び方 (2)
―高等学校商業科教員を目指す人へ―

第１節　商業教育の基本理念と目標

本章は，商業科教員を目指す人や，すでに商業科教員として現場の教壇に立つ人の本書の活用の仕方について触れる。本節では商業教育の基本理念と目標を確認する。

明治８（1875）年，森有礼（ありのり）が設立した東京商法教習所（私塾の形態）が商業学校誕生のきっかけとなった。その後，日本で初めて「商業学校」という名称がつけられたのは，明治11（1878）年の三菱商業学校である[1)]。

昭和25（1950）年には，高等学校学習指導要領商業科編（試案）が示された。その後，社会情勢の変化と対応などから，およそ10年に１度の割合で改訂され，その都度，科目の新設，名称変更，整理統合，分離，再構成及び廃止が行われた[2)]。

平成30年（2018）年３月告示の高等学校学習指導要領には，基本的な考え方として次の３つがあげられている[3)]。

①教育基本法，学校教育法などを踏まえ，これまでの我が国の学校教育の実践や蓄積を生かし，生徒が未来社会を切り拓くための資質・能力を一層確実に育成することを目指す。その際，求められる資質・能力とは何かを社会と共有し，連携する「社会に 開かれた教育課程」を重視すること。

②知識及び技能の習得と思考力，判断力，表現力等の育成とのバランスを重視する平成21（2009）年改訂の学習指導要領の枠組みや教育内容を維持した上

で，知識の理解の質を更に高め，確かな学力を育成すること。
③道徳教育の充実や体験活動の重視，体育・健康に関する指導の充実により，豊かな心や健やかな体を育成すること。

商業教育は，商業に関する知識を修得させるという教育現場に留まってはならないものである。商業教育で学んだことをビジネスシーンで活用・応用できる力を身に付けることが必要である。商業教育は実学であり，理論と実践を結び付けなければ，机上の空論に過ぎない。

平成30年（2018）年3月告示の高等学校学習指導要領（商業科）では，グローバル化の進展等，時代の変化に対応するとともに，観光産業の振興等社会の要請にこたえる視点から次の改善を図っている[4)]。このことから，商業教育に関係する人には，特に次の経緯を留意していただきたい。

①グローバル化の進展への対応

経済のグローバル化が進展するなかで，企業活動が社会に及ぼす影響に責任を持ち，地球規模で経済を俯瞰し，経済のグローバル化に適切に対応して直接的・間接的に他国と関わりを持ってビジネスを展開するために必要な資質・能力を育成する必要がある。そのため，科目「グローバル経済」では，人材や金融などのグローバル化の動向・課題，企業活動のグローバル化の内容を指導項目に取り入れ，科目「ビジネス・コミュニケーション」では，日本と外国との文化と商慣習の違いの内容を指導項目に取り入れた。

②情報技術の進展への対応

コンピュータを活用した会計処理の普及に伴う実務の変化を踏まえ，会計ソフトウェアの活用に関する指導項目を，科目「ビジネス実務」から科目「簿記」に移行した。

情報技術の進歩に伴うビジネスの多様化とビジネスにおいて，インターネットを活用することで様々な課題に適切に対応し，インターネットを効果的に活用するとともに，インターネットを活用したビジネスの創造と活性化に取り組むために必要な資質・能力を育成する必要がある。この視点から，インターネットを活用したビジネスの創造に関する指導項目を取り入れ，従前の，科目「電子商取引」の指導項目を再構成し，科目「ネットワーク活用」とした。

また，情報通信ネットワークの活用の拡大と情報セキュリティ管理の必要性の高まりに対応し，情報資産を共有し保護する環境を提供するために必要な資質・能力の育成が要請される。このことから，従前の，科目「ビジネス情報管理」の情報通信ネットワークに関する指導項目を分離し，科目「ネットワーク管理」が新設された。なお，人的対策，技術的対策など情報セキュリティ管理に関する指導項目を充実させるなど改善が図られている。

③観光産業の振興

地域の活性化を担うよう，観光ビジネスについて実践的・体験的に理解し，国内に在住する観光客および海外からの観光客を対象とした観光ビジネスを展開するために必要な資質・能力の育成が要請される。このことから，科目「観光ビジネス」が新設された。

④地域におけるビジネスの推進

科目「ビジネス基礎」で，地域におけるビジネスの推進の必要性を踏まえ，身近な地域のビジネスに関する指導項目を取り入れるなどの改善が図られた。

⑤ビジネスにおけるコミュニケーション能力の向上

グローバル化する経済社会において，組織の一員として協働し，ビジネスを展開する力が一層求められるようになっている状況を踏まえ，ビジネスにおいて円滑にコミュニケーションを図るために必要な資質・能力の育成が要請される。このことから，従前の，科目「ビジネス実務」の指導項目を再構成し，科目「ビジネス・コミュニケーション」とした。その際，ビジネスにおける思考の方法とコミュニケーションに関する指導項目および日本と外国との文化と商慣習の違いに関する指導項目を取り入れるとともに，ビジネス英語に関する指導項目を生徒や地域の実態に応じて適切な外国語を扱うことができるようにするなどの改善が図られた。

⑥ビジネスにおけるマネジメント能力の向上

ビジネスを取り巻く環境が変化する中で，企業活動が社会に及ぼす影響に責任を持ち，経営資源を最適に組み合わせて適切にマネジメントを行うために必要な資質・能力の育成が要請される。このことから，従前の，科目「ビジネス経済応用」の企業経営，ビジネスの創造などに関する指導項目を分離し，科目「ビジネス・マネジメント」とした。その際，人的資源，物的資源など経営資源のマネジメントに関する指導項目を取り入れるなどの改善が図られた。

商業科の目標としては，次のように示している[5)]。

商業の見方・考え方を働かせ，実践的・体験的な学習活動を行うことなどを通して，ビジネスを通じ，地域産業をはじめ経済社会の健全で持続的な発展を担う職業人として必要な資質・能力を次のとおり育成することを目指す。

①商業の各分野について体系的・系統的に理解するとともに，関連する技術を身に付けるようにする。

②ビジネスに関する課題を発見し，職業人に求められる倫理観を踏まえ合理的かつ創造的に解決する力を養う。

③職業人として必要な豊かな人間性を育み，よりよい社会の構築を目指して自ら学び，ビジネスの創造と発展に主体的かつ協働的に取り組む態度を養う。

第２節　商業科教育の構造

現在（2023年度時点）の高等学校における商業科教育は，平成30（2018）年告示の高等学校学習指導要領にもとづく。商業科で育成を目指す人物像，育成を目指す職業人の例，育成を目指す資質・能力は次のとおりである[6)]。

■教科（商業科）で育成を目指す人材像

商業の見方・考え方を働かせ，実践的・体験的な学習活動を行うことなどを通して，　ビジネスを通じ，地域産業をはじめ経済社会の健全で持続的な発展を担う職業人。

■育成を目指す職業人の例

・流通業，金融業等を担う人材

・製造業，サービス業等様々な業種における販売，営業，マーケティング，企画，人事，経理，原価管理，情報等の部門に関わる職の担当者
・公認会計士，税理士，中小企業診断士，社会保険労務士，ファイナンシャル・プランナー，旅行業務取扱管理者等の資格職（学びを継続するなどして）
・管理的立場の職（経験を積むことで）
・その他，様々な業種，職種において，職業の学びに関連する人材

■育成を目指す資質・能力

知識及び技術 …	商業の各分野について体系的・系統的に理解するとともに，関連する技術を身に付けるようにする。
思考力，判断力，表現力等 …	ビジネスに関する課題を発見し，職業人に求められる倫理観を踏まえ合理的かつ創造的に解決する力を養う。
学びに向かう力，人間性等 …	職業人として必要な豊かな人間性を育み，よりよい社会の構築を目指して自ら学び，ビジネスの創造と発展に主体的かつ協働的に取り組む態度を養う。

また，商業科教育が育成すべき力として次の考え方が求められるとされる[7]。

①創造性（クリエーション）

既存の知と知とを足し合わせて，新しい知を生み出す。何らかの知識に対して固定概念に囚われず，視点を広げていく水平思考（ラテラル・シンキング）と，その知識に対して深く探求する垂直思考（ロジカル・シンキング）を組み合わせることで，創造性をより発揮することができる。

②革新性（イノベーション）

アイデアを実現し，成果を生み出す。既存の概念から離れた新たな視点と実行力は，強い志と行動力にその根源をなしている。

③複雑性を理解する力

自らの理解と他の人の理解を重ね合わせて，様々なつながりでつくられるシステムの全体像とその作用を意識し，理解する能力をいう。とりわけ，様々な理解関係者との絡みの中で，時間の経過とともに展開されるダイナミックな複雑性を理解する「システム思考」[8)]の習得が鍵を握ることになる。

④共創的に対話をする力

個人，チーム，組織に根強く存在する無意識の前提を振り返り，意識しながらともに創造的に考え，ならびに話し合うことができる能力をいう。社会がどのようになっているかの意識・無意識の前提，言い換えると思い込みや偏見が私たちの行動に深く影響を与える要素となる。したがって，思い込みや偏見を意識して自分の前提を保留しながら話し合うことができることが，対話などの「グループ学習」には重要な要件となる。

⑤志を育む力（自らを動かす力）

個人，チーム，組織が，自分たちが本当に望むことを想い描き，その望むことに向かって自ら選んで変わっていく能力のことである。自らの在るべき姿を思い描き，その実現に向けて探求を続けながら自己を高め，組織で「共有ビジョン」を作り出すことで，内発的な動機に溢れた個人がその「想い」を重ねた集団を作り出していく。

第3節　商業科の科目構成と本書との関係

商業科の科目構成は，科目「ビジネス基礎」と「ビジネス・コミュニケーション」の2科目を全体の基礎・基盤（土台）とする位置づけとし，マーケティング分野，マネジメント分野，会計分野，ビジネス情報分野の4分野（16科目）があり，発展的科目として「課題研究」「総合実践」の2科目がおかれる。

各科目には，それぞれ目標と学習（指導）項目が決められているが，ここでは，各科目の学習内容の理解をしてもらうため，指導項目のみを次に記述する。

・「ビジネス基礎」

商業の学習とビジネス，ビジネスに関する心構え，経済と流通，取引とビジネス計算，企業活動，身近な地域のビジネス

・「ビジネス・コミュニケーション」

ビジネスとコミュニケーション，ビジネスマナー，ビジネスにおける思考の方法とコミュニケーション，ビジネスと外国語

・「マーケティング」

現代市場とマーケティング，市場調査，製品政策，価格政策，チャネル政策，プロモーション政策

・「商品開発と流通」

現代市場と商品開発・流通，商品企画，事業計画，流通とプロモーション

・「観光ビジネス」

観光とビジネス，観光資源と観光政策，観光ビジネスとマーケティング，観光ビジネスの展開と効果

・「ビジネス・マネジメント」

ビジネスとマネジメント，組織のマネジメント，経営資源のマネジメント，企業の秩序と責任，ビジネスの創造と展開

・「グローバル経済」

経済のグローバル化と日本，市場と経済，グローバル化の動向・課題，企業活動のグローバル化

・「ビジネス法規」

法の概要，企業活動と法規，知的財産と法規，税と法規，企業責任と法規

・「簿記」

簿記の原理，取引の記帳，決算，本支店会計，記帳の効率化

・「財務会計Ⅰ」

財務会計の概要，会計処理，財務諸表の作成，財務諸表分析の基礎

・「財務会計Ⅱ」

財務会計の基本概念と会計基準，会計処理，キャッシュ・フローに関する財

務諸表，企業集団の会計，財務諸表分析，監査と職業会計人

・「原価計算」

原価と原価計算，原価の費目別計算，原価の部門別計算と製品別計算，内部会計，標準原価計算，直接原価計算

・「管理会計」

管理会計と経営管理，短期利益計画，業績測定，予算編成と予算統制，コスト・マネジメント，経営意思決定

・「情報処理」

企業活動と情報処理，コンピュータシステムと情報通信ネットワーク，情報の集計と分析，ビジネス文書の作成，プレゼンテーション

・「ソフトウェア活用」

企業活動とソフトウェアの活用，表計算ソフトウェアの活用，データベースソフトウェアの活用，業務処理用ソフトウェアの活用，情報システムの開発

・「プログラミング」

情報システムとプログラミング，ハードウェアとソフトウェア，アルゴリズム，プログラミングと情報システムの開発

・「ネットワーク活用」

情報技術の進歩とビジネス，インターネットと情報セキュリティ，情報コンテンツの制作，インターネットの活用

・「ネットワーク管理」

企業活動と情報通信ネットワーク，情報セキュリティ管理，情報通信ネットワークの設計・構築と運用管理

・「課題研究」

調査・研究・実験，作品制作，産業現場等における実習，職業資格の取得

・「総合実践」

マーケティングに関する実践，マネジメントに関する実践，会計に関する実践，ビジネス情報に関する実践，分野横断的・総合的な実践

教員採用試験では，商業科目についての幅広い教養が求められる。採用試験の内容は，各自治体によって異なる。しかし，共通していえることは，前述した20科目から広範囲に出題されることである。ここで注意してもらいたいことは2つある。

1つ目は，商業高校出身者であっても，20科目すべてを学んだ人はいないということである。各高等学校では，受験させる検定試験，その受験級と受験学年，コースの特徴などから教育課程編成を考慮し，どの学年でどの科目をおくかを20科目の中から選択してカリキュラムを構成するが，20科目のすべてを1～3学年のカリキュラム構成として設定する必要はない（むしろ，そのようなカリキュラム構成を組んでいる高等学校は皆無といえよう）。つまり，はじめからすべての科目を網羅できている人はいないということである。

2つ目は，商業科目の全20科目を採用試験対策としては，「会計科目（会計分野）」，「情報科目（ビジネス情報分野）」，「理論科目（マーケティング分野，マネジメント分野）」という3つのグループに分けて考えることである。このうち，学習に時間を要するのは会計科目と情報科目である。これには，早期に学習に取り掛かることが肝要となる。この2つのグループは検定試験に関係し，本書とは別に学習が必要である。

本書は，商業科目のうち，「理論科目（マーケティング分野，マネジメント分野）」に該当する科目を理解する上での本質（特にマネジメント分野として欠かせない要素）をまとめた内容である。本書の内容は，商業科教員を目指す人にも，既に教員として教壇に立っている方の教材研究にも役立つ内容となることを意識した。

商業科の分野構成ならびに科目と本書の各章との関係を図表2－1に示す。各科目の教材研究として取り扱うものには，使用教科書，使用教科書以外の教科書，指導書，関連雑誌，論文，報告書，新聞記事など様々があるが，それにあわせて本書も活用していただければ幸いである。

図表２－１　商業科の分野構成と本書との関係

総合的分野	〈科目〉 「課題研究」,「総合実践」				応用
4分野とそれに属する科目	〈分野〉 マーケティング分野（第10章，第11章，第14章）	〈分野〉 マネジメント分野（第４～12章，第15章，第16章）	〈分野〉 会計分野	〈分野〉 ビジネス情報分野	↑
	〈科目〉 マーケティング（第14章），商品開発と流通（第10章，第11章），観光ビジネス（第14章）	〈科目〉 ビジネス・マネジメント（第４～12章，第16章），グローバル経済（第15章，第16章），ビジネス法規（第16章）	〈科目〉 簿記，財務会計Ⅰ，財務会計Ⅱ，原価計算，管理会計	〈科目〉 情報処理，ソフトウェア活用，プログラミング，ネットワーク活用，ネットワーク管理	↓
基礎的分野	〈科目〉 「ビジネス基礎」（第３～16章），「ビジネス・コミュニケーション」				基礎

出所：筆者作成[9)]。

以上，商業科教育に向けた本書の位置づけについて述べてきた。この先，本書を読み進めるにあたり，本章で述べた内容を時折確認していただくことを願いたい。

注記

1）日本商業教育学会編『商業科教育論 ―21世紀の商業教育を創造する―』実教出版，2019年，26～27頁。
2）日本商業教育学会編，同上書，実教出版，2019年，33～38頁。
3）文部科学省「高等学校学習指導要領（平成30年３月告示）解説 商業編」解説，平成30（2018）年７月，２頁。
4）日本商業教育学会編，前掲書，実教出版，2019年，41～42頁。
5）文部科学省，前掲解説書，平成30（2018）年７月，14頁。
6）文部科学省，同上解説書，平成30（2018）年７月，14～16頁。

7）日本商業教育学会編，前掲書，実教出版，2019年，61～62頁。
8）社会を全体的に把握し，また，様々な要素をつながりとして捉えながら問題の核心を見い出す力。日本商業教育学会編『商業科教育論 ―21世紀の商業教育を創造する―』実教出版，2019年，62頁。
9）文部科学省，前掲解説書，平成30（2018）年7月，17～158頁をもとに筆者作成。

参考文献

日本商業教育学会編『商業科教育論 ―21世紀の商業教育を創造する―』実教出版，2019年。
文部科学省「高等学校学習指導要領（平成30年3月告示）解説 商業編」解説，平成30（2018）年7月。

第3章　経営学の登場

第1節　大規模工場制工業の出現

人類が歩んできた歴史を振り返ってみると，工業化社会は比較的最近起こったことがわかる。それは，産業革命によって，大規模工場制工業が18世紀後半イギリスで誕生しことがきっかけである。この産業革命は約100年で世界各地に広まり，19世紀末には，フランス，ドイツ，アメリカ，日本でほぼ完成をみることになる。日本は，明治維新から約30年という期間で産業革命を実現し，欧米の先進国にキャッチアップした唯一の国である。

ガーシェンクロン（Gerschenkron, A. 1904-1978）の相対的後進仮説によると，先進国と後進国の技術格差が大きいほど，その後の後進国の経済成長のスピードは速いとしている。日本の産業革命は，ガーシェンクロンの相対的後進仮説が示した典型的なケースでもある。

産業革命による大規模工場制工業における生産の機械化が，それまでの手工業的生産方法に大きな影響を与え，それは，従来の管理方法や制度を大きく変化させることとなった。

初期の経営学は，この産業革命を期に出現し，イギリスで芽生える。すなわち，大規模工場制工業の出現こそが，経営学の発展が本格的にはじまる歴史的基盤である。

また，大規模工場制工業の出現によって，生産の主導権を握っていた熟練工から機械へと移り変わった。それは，生産の機械化によって，仕事の専門化が進み，さらに，工業製品の大量生産も可能とすることになった。

そもそも，大規模工場制工業が出現するまでは，家族経営の工場により運営されていた小規模制手工業が中核となり，その状況で必要とされていた管理方法や制度は，ごく単純なものであった。

しかし，産業革命による急速な大規模工場制工業の発展によって，従来の経営の管理方法や制度では対応不可能な事態となった。

第２節　新しい管理方法の出現

産業革命の影響によって，19世紀後半から20世紀前半にかけて，イギリスやアメリカにおいては，「生産性の向上」や「管理の科学化」の要請に応える必要から，従来の管理方法や制度とは全く異なった新しい管理方法が生まれた。新しい管理方法や制度について最初に確認しておかなければならない人物は，アダム・スミス（Smith, A. 1723-1790）とチャールズ・バベイジ（Babbage, C. 1791-1871）の２人であり，この２人が取り上げた分業論をみてみる。

イギリスの経済学者であるスミスは「近代経済学の父」と呼ばれ，『国富論（1776）』を発表し，現代の経済に多大な影響を与えた人物である。彼は，「分業の重要性」はそれにより労働生産性が上昇し，経済全体が豊かになると論じている。スミスは，分業の利点として，「同一行程が絶えず繰り返されることで技能が向上する」「一つの仕事から他の仕事に移る際に生ずる時間のロスが節約される」「分業によって作業が単純化され，工具や機械の改良が生まれる」という３つをあげている。

バベッジは，「コンピュータの父」といわれることもあり，そもそも数学者で，世界で初めて「プログラム可能」な計算機を考案した人物である。『国富論』が発表されて約50年後に，バベッジの著書である『機械化と工業化がもたらす経済効果（1835）』で，仕事を分業することの効果を論じている。熟練した賃金の高い労働者は，常にスキルを最大限に発揮しているわけではない。その仕事を分業して複数の労働者を雇えば，スキルを要する仕事だけを熟練した労働者に割り当て，他の比較的簡単な仕事は別の熟練していない労働者に割り当てることができ，全体として労働コストの削減になるというものである。

バベッジはすでに，作業分析，時間測定，コストの問題を考え，さらには，作業の単純化と専門化まで考えていた。この考えは，テイラーの科学的管理法が登場する前から生み出されている。

また，ロバート・オウエン（Owen, R. 1771-1858）は，『社会に関する新見解(1813)』で，分業体制は矛盾を生み出すことに関心を持ち，この問題を解決するには，国民教育制度を導入することだと述べている。オウエンにとって分業体制は，人々に平等の富を与えて自由に生きることを可能にするというよりも，さらに貧富の差を拡大させるものと考えていた。このように考えていたのは，社会主義はフランス革命以降，すでにひとつの思想として成立していたからでもある。

オウエンが最も関心を持っていたことは，大規模工場制工業と手工場的生産の大きな違いであった。それは，手工場的生産と違い，大規模工場制工業における生産の機械化では労働者が特殊な技能を必要としない点であり，労働者たちは，機械の操作ができればよいとされていたことである。

オウエンは，手工場的生産から大規模工場制工業における生産の機械化へと分業の形態が変わっていくにつれて，社会に悪徳と不道徳が広がり，この問題を解決することが「よい社会」を実現するためには必要であり，そのための方法が教育であると考えた。そのような考えから，1819年には紡績工場法の制定に力を入れ，9歳以下の労働の禁止と16歳以下の少年工の労働時間を12時間以内という制限を実現させている。

また，オウエンは，労働者の環境条件が職務にも影響を与えるとの考えをすでに持っていた人物でもあった。すなわち，約100年後に登場するメイヨーの人間関係論の考えとも共通する部分がすでに芽生えていたこととなる。

第3節　経営と管理

テイラー（Taylor, F. W. 1856-1915）の科学的管理法の出現は，経営学に多大な影響を与えた。特に，経営と管理の問題について，科学化を導入することによって，従来の限られた管理者に限ることなく，一定の訓練を受けた者であれば管理を行うことができる状況をつくった。すなわち，テイラーの科学的管理法が世に広まったことによって，新しい管理方法や制度が生まれたのである。

ここで,「古典派」,「新古典派」,「近代派」を代表する人物について簡単な説明をする。

テイラーは，科学的管理法を世に発表した人物である。特に，人間の「作業」について注目し,「課業」による管理を行うために,「一日の課業を設定」「標準条件を設定（工具や手順の統一化)」「成功に対する高い給料を設定」「失敗には損失を設定」の4つの基本原則を導入し，従来の経営者の経験や勘に頼った成行管理から発生した，労働者の組織的怠業への解決に取り組んでいる。なお，テイラーに関しては，代表的な著書として,『科学的管理法の原則（1969)』（産業能率大学出版部）がある。

エルトン・メイヨー（Mayo, G. E. 1880-1949）は，ホーソン工場での実験で，物理的作業条件と作業能率との間に，労働者の感情や意欲といった主観的な態度があり，これが大きく影響していることを発見した。この主観的な態度は，自然発生的に生じる非公式集団（インフォーマル）の影響を受け，この集団が大規模である場合は，さらに，大きな影響力を持つことについても説明している。すなわち，人間の「行動」について注目し，人間の心理的側面と内面的側面を重要視した新たな組織理論と管理論の必要性から，経営者が労働者を管理する場合，労働者の生産性の向上と感情の理論が大きく関わっていると論じた。代表的な著書として,『ホーソン・リサーチと人間関係論（1978)』(産業能率大学出版部）がある。

チェスター・バーナード（Barnard, C. I. 1886-1961）は，組織はどのような状況でできるのかを示し，「人間は自由な意思を持ち，自由に行動する」との考えから組織の理論を組み立てている。バーナードの考えでは，「二人以上の人が集まった集団を組織」と定義し，組織が出来上がるための3要素として，「共通目的」「貢献意欲（協働意志）」「コミュニケーション」をあげている。現在でも，組織を説明するために最もよく利用されている。なお，バーナードに関しての代表的な著書としては，『経営者の役割（1968）』（ダイヤモンド社）がある。

第4節　その他の研究者

ここまでに紹介をしている人物以外にも研究者は多数いる。上節でも簡単な人物紹介はしたが，経営学を学ぶ上でさらに知っておくべき人物を簡潔に紹介する。

古典派のその他の代表としては，ファヨールとフォードがあげられる。

アンリ・ファヨール（Fayol, H. 1841-1925）は，『産業ならびに一般の管理（1916）』（未来社）で，企業の経営には管理が最も重要であると指摘し，管理論の研究や普及に大きな影響を与えている。テイラーと同時期に管理法について考えていたが，特に交流はなかったとされている。彼の著者に関する著書として，『アンリ・ファヨール（1984）』（文眞堂）がある。

ヘンリー・フォード（Ford, H. 1863-1947）は，フォード・システムを考え出し，「大量生産」を可能にするために，「標準化」と「移動組立法（ベルト・コンベア・システム）」という生産システムを考えた。特に，T型フォードの成功によって，車を金持ちの遊び道具から，大衆の足へと位置づけたのである。代表的な著書として，『フォード経営（1968）』（東洋経済新報社）がある。

新古典派のその他の代表としては，レスリスバーガー，マズロー，マグレガー，アージリス，ハーズバーグ，リッカートがあげられる。

レスリスバーガー（Roethlisberger, F. J. 1898-1974）は，メイヨーの愛弟子で，ホーソン実験を行った重要人物でもある。特に，作業能率とモラールの関係を示した。代表的な著書として，『経営と勤労意欲（1954）』（ダイヤモンド社）がある。

アブラハム・マズロー（Maslow, A. H. 1908-1970）は，人間の欲求を，第1「生理的欲求」，第2「安全欲求」，第3「社会的欲求」，第4「尊厳欲求（承認欲求），」第5「自己実現欲求」の5段階に示し，低階層の欲求が充たされると，より高次の階層の欲求を求めると考えた。著書として，『人間性の心理学（1971）』（産能大出版部）がある。

ダグラス・マグレガー（McGregor, D. M. 1906-1964）は，「人間は生来怠け者で，強制され命令されなければ仕事をしないとするX理論」と，「生まれながらに嫌いということはなく，条件次第で責任を受け入れ，自ら進んで責任を取ろうとするY理論」を構築していると論じた。代表的な著書として，『企業の人間的側面 ― 統合と自己統制による経営（1966）』（産能大出版部）がある。

クリス・アージリス（Argyris, C. 1923-2013）は，人間は成熟度に応じて，それぞれ成長の方向に向かい，自らの欲求を表明し，労働の過程で自己実現を目指す「自己実現人」であると仮定し，組織の中の人間行動を説明した。代表的な著書として，『新訳 組織とパーソナリティーシステムと個人との葛藤（1966）』（日本能率協会）がある。

フレディック・ハーズバーグ（Herzberg, F. 1923-2000）は，人間には2種類の欲求があり，苦痛を避けようとする動物的な欲求と，心理的に成長しようとする人間的欲求という別々の欲求があるとし，「満足」に関わる要因（動機付け要因）と「不満足」に関わる要因（衛生要因）は別のものであるとする考え方である。代表的な著書として，『仕事と人間性　動機づけ―衛生理論の新展開（1981）』（東洋経済新報社）がある。

レンシス・リッカート（Likert, R. 1903-1981）は，組織をシステムとして捉え，リーダーシップに関わる管理システムを，「システム1：権威主義・専制型」，「システム2：温情・専制型」，「システム3：参画協調型」，「システム4：民主主義型」の4つに分類し規定した。特に，民主主義型のシステム4を採用している経営組織の業績が最も高いとしている。代表的な著書として，『経営の行動科学（1964)』（ダイヤモンド社）がある。

近代派のその他の代表としては，サイモンがあげられる。

ハーバード・サイモン（Simon, H. A. 1916-2001）は，1978年にノーベル経済学賞を受賞した人物である。企業活動にとって最も重要な事は意思決定であるとして，それがどのように行われているかを研究している。ただし，完璧な意思決定をできる経営者は存在しないことを説明し，完璧な意思決定ではなく，意思決定の合理性を高めることを主張している。代表的な著書として，『経営行動（1965)』（ダイヤモンド社）がある。

参考文献

岡本康雄編著『現代経営学辞典　三訂版』同文舘出版，2003年。
北野利信編『経営学説入門』有斐閣新書，1977年。
経営学史学会編『経営学の現在』文眞堂，2007年。
井原久光著『テキスト経営学［第3版］』ミネルヴァ書房，2008年。
裴富吉著『経営学講義　理論と体系』白桃書房，1993年。

第4章　経営管理思想史(1)

第1節　本章で取り上げる学説

経営学が必要とされた理由は，産業革命による大規模な工場の出現によって，経営者と労働者の役割がはっきりと分かれることで，経営者が，労働者に一定の仕事をさせる役割としての管理が必要になったからである。

大規模な工場における管理の考え方は，アメリカにおいて，経営学の父と呼ばれるテイラー（Taylor, F. W. 1856-1915）によって登場した。労働者の工場における作業効率や生産性向上のための研究に関する取組が始まりである。これをきっかけに，経営者が労働者を管理する管理能力や管理技術の研究が進んだ。その成果は，画期的な手法という意味をもつだけでなく，その当時，社会がかかえていた労働や管理に関する問題を各々が考えて，その時代・その社会にあう新たな管理方法を見出した。

その新たな管理方法として，知っておくべき学説に組織に注目した学説と，従業員の心理に注目した学説とがある。本章では，組織に注目した学説として，効率的な生産体制を築くことを追求したテイラー，生産の標準化とベルトコンベアを用いた組み立てを行うことで大量生産を可能にしたフォード（Ford, H. 1863-1947），管理をするためには一定の過程があると考えたファヨール（Fayol, H. 1841-1925），意見の違いや利害関係による対立を克服する方法を考えたフォレット（Follett, M. P. 1868-1933），近代経営学の生みの親とされるバーナード（Barnard, C. I. 1886-1961），意思決定論のサイモン（Simon, H. A. 1916-2001），マネジメントを体系化したドラッカー（Drucker, P. F. 1909-2005）についてみていく。

なお，従業員の心理に注目した学説は，第５章でみていく。

第２節　テイラーの科学的管法[1)]

19世紀末のアメリカやイギリスの工場では，従業員の経験と勘を頼りとする，従業員の気分によって行われるといっても過言ではない成行管理が実施されていた。その影響から，大規模な工場においても，従業員の組織的怠業が目立っていた。

当時の経営者は，生産目標を達成すれば高い賃金を支払うというやり方で，従業員に「やる気」を出させていた。しかし，経営者はできるだけ賃金は抑えたい考えから自然とその目標を高く設定した。このような状況では，一生懸命働くと生産量が増えて目標が上がるが，賃金は上がることはないため，皆でゆっくりほどほどに働けばよいといった従業員の組織的怠業が見受けられるようになった。

この組織的怠業の解決に乗り出したのがテイラーである。テイラーは，工場で働く中で，この組織的怠業を目のあたりにした。そこで，この組織的怠業をなくすためには，「作業量」，「賃金」，「作業方法」などを，誰もが納得のいく科学的な方法で決めることを考えたのであった。この考え方は，当時では斬新な考え方であった。その考え方をもとに，テイラーは科学的管理法を提案した。この考えは，後々の生産管理にとって重要とされる。

その科学的管理法で中心になるのが「課業」という考えである。「課業」とは，従業員が１日に行う目標作業量のことである。この「課業」を決めるときにテイラーは，「動作研究」と「時間研究」という当時では科学的とされる方法を使った。

「動作研究」とは，労働者が行う作業を「観察」，「記録」，「分析」し，できる限り無駄な動作を排除し，最も効率的な標準動作を定める研究のことである。

「時間研究」とは，労働者が行う作業に必要な動作を細かく分解し，各動作に必要とする時間を計測し，その作業に必要とされる標準時間を定める研究のことである。すなわち，「動作研究」にて，能率よく作業ができる標準作業方法を決め，「時間研究」にて，標準作業方法にかかる時間を計り，これを標準作業時間とした。

テイラーは，「課業」にもとづいて管理する「課業管理」も進め，基本原則として，①毎日の「課業」をハイレベルに設定，②同じ作業条件，③「課業」を達成すれば高賃金，④「課業」を達成できなかったら低賃金，という4つを決めた。当然であるが，「課業」を達成できた従業員と，達成できなかった従業員では，適用される賃金が違った差別出来高給制度を導入する。

テイラーはこの科学的な方法をとり，従来の経営者の経験や勘に頼った成行管理から発生した組織的怠業を解決した。

ただし，当時の経営者は，従業員に対する管理能力がまだ高くはなかったために，テイラーの考えた科学的管理法は，違った意味で，従業員を苦しめる状況が発生した。

経営者の従業員に対する管理能力の重要性は，後に判明していくが，テイラーの科学的管理法は素晴らしい考え方であったとしても，当時の経営者にはまだ理解されていなかった。

第3節　フォードのフォード・システム[2)]

1910年代のアメリカは，ヨーロッパで行われていた第一次世界大戦により，中流階級が成長していた時期である。当時の自動車は，一台ずつ手作りで作られていた。このため，上流階級の人しか買えない価格設定となっており，一種のステータスとなっていた。この自動車を，中流階級の人でも購入できるように，徹底的なコスト削減と大幅な生産能力の向上に努めたのがフォードである。その結果，フォードは，T型フォードと呼ばれる自動車を1908年に発売し，1927年まで基本的なモデルチェンジをせずに販売し続けた。

このときフォードは，徹底的なコスト削減と大幅な生産能力の向上のために，生産の標準化とベルトコンベアを用いた移動組立法（ベルトコンベア方式）の2つから成り立つ，フォード・システムという大量生産システムに関する理論を作り出した。

生産の標準化とは，製品の種類や部品，機械・設備，作業方法を統一して規格を定め，同じ製品を同じやり方で生産することである。当時の部品は，加工精度が低かったため，部品の組付け時に熟練の仕上げ工が組立現場でやすりをかけ，部品のすり合わせをしていた。このため，同じ部品でも一台一台異なる規格の自動車が作成され，コストが上がっていた。そこでフォードは，部品を減らす単純化，誰でもその部品が作れるように教育する専門化，同種の部品を作るという標準化を徹底することで，生産の標準化を達成した。

移動組立法とは，コストを掛けずに自動車を作るため，ベルトコンベアを利用した流れ作業を指す。当時の自動車の組み立ては，自動車一台に対し，次々と人が入れ替わって組み立てが行われていた。フォードは，ベルトコンベアを用いてこれとは逆の発想，つまり，製造している自動車を移動させることで，人の無駄な動きを減らした。

フォード・システムにより，当時のアメリカの中流階級に自動車が行き渡ることで，自動車の大量生産がなされ，交通革命が発生した。これにより，アメリカでは，ライフスタイルが変化し，大量消費社会が誕生し，農業の近代化や軍事力の増大が行われた。

しかし，フォード・システムは，労働者に同じ動作を長時間求めるという，画一的な作業であったため，労働者の人間性を損なうといった負の側面も持っていた。そのため，当時のフォード社は，毎月半分近い人が辞めていき，労働争議もあったほか，熟練した職人を育成するまでのコストなどが問題視されていた。

経営学説史上では，テイラーの科学的管理法を発展させた立ち位置として位置付けられる。また，フォード・システムは，トヨタ自動車で採用されているトヨタ生産方式や，経営管理や生産管理に活用する科学的な技術手法である生産工学が編み出されるきっかけとして位置付けられている。

第４節　ファヨールの管理プロセス論[3)]

鉱山技師であったファヨールは，1888年か1918年の30年間に渡り，コマントリ・フルシャンボー・ドゥカズヴィル社（コマンボール社）の社長を務めた専門経営者である。コマンボール社は，フランスのニヴェル地方の代表的な製鉄と炭鉱の５社が合併し誕生した企業であるが，当時，採掘量の減少などを原因に経営が傾いていた。そこでファヨールは，企業再建策として老朽化した施設や競争力のない事業分野を思い切って廃業し，成長が期待される事業分野の会社の合併を推進する戦略を推進した。

そのときの経験をもとに執筆したのが著書『産業ならびに一般の管理』である。本書で，ファヨールは，どのような企業でも共通する活動として，仕事の分野を技術的活動，商業的活動，財務的活動，保全的活動，会計的活動，管理活動の６つに分けた。１つ目の技術的活動は，製品の生産，製造，加工をすることを指す。２つ目の商業的活動は，購買，販売，交換を指す。３つ目の財務的活動とは，資本の調達と運用を指す。４つ目の保全的活動とは，財産と従業員の保護を指す。５つ目の会計的活動は，棚卸，貸借対照表，原価計算などを指す。６つ目の管理活動は，予測，組織化，命令，調整，統制を指す。

ファヨールは，この６つのなかでも，特に管理活動を重要視していた。管理活動は，他の５つの活動で共通して行われると同時に，これら５つの活動をひとつにまとめていく役割を果たしているとした。そして，「管理とは，計画し，組織し，指揮し，調整し，統制するプロセスである」と定義した。

そして，管理の一般原則として，分業，権威と責任，規律，命令の統一，指揮の統一，個人利益の全体利益への従属，公正な従業員報酬，集権，階層組織，秩序，校正，従業員の安定，創意，従業員の団結の14の管理の原則を示した。ただし，この管理の原則は，絶対的なものではなく，すべて程度の問題であり，周囲の状況や変化に応じて考慮すべきと注意している。

著書『産業ならびに一般の管理』は，1917年に出版された後，アメリカにて翻訳された。本書は，アメリカで高い評価を受け，管理家庭論が生まれたきっかけとなった。そのため，ファヨールは管理原則の父と呼ばれ，テイラーとともに経営管理論の基礎となった人物でもある。

第5節　フォレットの統合理論[4)]

テイラーの科学的管理法やメイヨーとレスリスバーガーによるホーソン実験が行われていた時期に，「統合」やモチベーション，リーダーシップについて述べ，人間は機械ではなく，１人ひとり意思を持って働いていることを述べたのがフォレットである。フォレットは，アメリカにてケースワーカーとして活動するなかで，統合による解決を見出した。

フォレットは，対立（conflict）を戦いや闘争，善悪の判断ではなく，相違（difficult）と捉えた。これは，人間は，人生を送るなかで，様々な場面で様々な人と生きてゆく存在である。そこでは，価値観や考え方の違いから，意見の違いや利害の違いが生まれ，対立が生じるということを意味する。

この意見の違いや利害の違いから生まれる対立は，抑圧と妥協という２つの解決策があった。抑圧とは，力と支配による方法である。必ず勝者と敗者を作り出し，短期的には成功するが，長期的にみれば成功しないし効果的ではない。妥協とは，お互いが自分の意見の一部を諦める方法である。一時的には解決されるが，諦めたものは，別の場面で違った形で出てくる。

このように，抑圧と妥協では長期的には解決できないことについて，フォレットは統合という３つ目の方法を提案した。統合は，お互いの意見を譲歩する必要もなく，お互いが満足するような解決策を見つけ出そうとする方法である。

この統合について，フォレットは次のような簡単な例をあげている。あるとき，２人が図書館の小さな部屋で窓を閉めて本を読んでいた。１人は窓を開けたかったが，もう１人は窓を開けたくなかった。そこで，その部屋の隣にある誰もいない部屋の窓を開けた。窓を開けたくなかった方は，風にあたりながら本を読むのが嫌だったし，窓を開けたかった方は，部屋に外気を入れたかっただけだったからだ。

このように，両者が妥協せずに満足する方法を創り出すのが統合である。そして，統合には，命令する者と命令される者の関係が重要となる。フォレットは，命令を個人から切り離して，状況の法則に従うよう述べている。これをフォレットは，命令の非人格化とよんでいる。

フォレットは，ケースワーカーになる前に，政治学や社会学などを研究していた人物でもある。このような背景があるフォレットが，ケースワーカーとして活動するようになったのは，1900年当時のアメリカ・マサチューセッツに生きる14歳の若者たちを身体的・精神的にどのように支えるかが社会問題となっていたからである。この社会問題に対して，フォレットは新たなコミュニティを作って，彼らを支援・指導していた。このように，フォレットは，組織のなかで生きる人が，どうしたら幸せになれるのかを追求し続けた人物でもある。

第６節　バーナードの協働理論[5)]

バーナードは「人間は自由な意思を持ち，自由に行動する」と考えて理論を組み立てていき，組織が出来上がる要素として，次の3つをあげている。

１つ目は，共通目的である。組織には目的がなければならない。目的が明確ならメンバーは組織のためにどんな協力をすればいいのかを理解でき，各人が分担して仕事を行うことができるようになる。組織のメンバーはその目的をしっかりと理解していることが大切である。

２つ目は，貢献意欲である。組織のメンバーは，組織のために頑張ろうとする意欲を持たなければならない。自分が働いた以上に褒美がもらえると意欲が保たれ，認められなかった場合に減少する。このように，組織から与えられる褒美が貢献意欲を引き出す役目をしている。

３つ目は，コミュニケーションである。コミュニケーションは，メンバーがそれぞれの考え方や意思，意見や情報を交換したりするために必要なことである。また，組織の目的を理解させる役割や貢献意欲を高める役割もしている。

さらに，3つの要素以外にも，「調整能力」が重要であることも述べている。

バーナードは，組織を解散させずに維持していくためには，「内部均衡」と「外部均衡」が必要だと考えた。

「内部均衡」とは，組織のメンバー意欲の減少や能率低下がおこらないように上の3つの要素をうまくバランスさせて，メンバーのやる気を引き出していくことである。

「外部均衡」とは，組織の外側にある環境とのバランスである。組織の目的は外部環境とバランスがとれていなければならず，このバランスがとれていれば，組織は有効なものとなり，目的達成の可能性が高くなる。

このように2つの均衡は，組織を維持していくためには大切な条件になる。組織の目的を成し遂げれば，メンバーに褒美を与えることができ，また，その褒美が貢献意欲を引き出すことになる。

第7節　サイモンの意思決定論[6)]

サイモンは，経営学の中心課題は意思決定であるとしている。人間は行動を起こす前に必ず意思決定を行ってから行動すると考えた。また，サイモンは，バーナードの理論を受け継いで意思決定の仕組みを明らかにする取組を行った。

サイモンは，意思決定プロセスとして，「情報活動→設計活動→選択活動→再検討活動」という流れから意思決定が行われているとしている。

情報活動とは，意思決定を行うために必要な情報を収集することであり，企業内外から様々な情報を集めることである。その集めた情報を利用し問題点の原因を探る活動である。

設計活動とは，集めた情報から，その問題を解決する方法としてどのような方法やその対策案があるかを考えることである。つまり，いろいろな方法や対策案をつくり出す活動である。

選択活動とは，複数の利用可能な案の中から，ある1つの案を選択する活動である。

再検討活動とは，過去に行ってきた選択活動を再度検討する活動である。

さらに，サイモンは，意思決定のタイプとして，「プログラム化できる意思決定（定型的意思決定）」と「プログラム化できない意思決定（非定型的意思決定）」があると区別している。

プログラム化できる意思決定（定型的意思決定）とは，日常的に繰り返し行われるような単純な意思決定であり，コンピュータの計算によりプログラムが可能な意思決定である。

プログラム化できない意思決定（非定型的意思決定）とは，これまで経験したことがないような複雑で難しい意思決定であり，人間の勘や頭脳に頼らなければプログラム化が不可能な意思決定である。

サイモンは，意思決定を行う上でどのような規準で意思決定するかを考える必要があり，すべての意思決定を行う状況において，完璧な意思決定を行うことは不可能であると考えている。そのような理由から，意思決定には，最適化原理による意思決定と，満足化原理による意思決定がある。

最適化原理による意思決定とは，誰でもその意思決定に満足できる，唯一完全な意思決定のことである。

満足化原理による意思決定とは，誰もがその意思決定に満足できておらず，すなわち，唯一完全な意思決定（これしかないという答え）がない場合，一定の基準を満たした複数の案の中から，その基準をクリアした案を1つ選ぶやり方である。

サイモンは，マネジメントとは意思決定であるとし，現在のマネジメント論は意思決定論として大きく展開されている。その功績として，サイモンは，「経済組織における意思決定過程の先駆的研究」で，1978年ノーベル経済学賞を受賞している。

第8節　ドラッカーのマネジメント[7)]

ドラッカーは，1909年にオーストリア・ハンガリー二重帝国の首都ウィーンに生まれ，1932年にフランクフルト大学にて国際法・国際関係論の博士号を取得した法学者である。2005年に亡くなるまで，大企業や政府などのコンサルタントとしての仕事の傍ら，ニューヨーク大学やクレアモント大学で教鞭を執り続けたプロテスタントである。

ドラッカーは，企業は社会の機関であり，経済的・統治的・社会的制度を有すると捉え，企業の目的は顧客を創造することただ1つであるという。そして，企業の目的を達成するためには，２つの基本的な機能であるマーケティングとイノベーションが必要であるとする。

ここでいうマーケティングとは，販売に関する活動を指すのではない。顧客から出発し，事業全体に関わる重要な活動であるとする。しかしながら，マーケティングだけでは，動的な経済において企業は存在することができない。そこで，人的資源や物的資源に対し，より大きな富を生み出す新しい能力をもたらすイノベーションが必要となる。

そして，マーケティングとイノベーションの成果として利益が存在する。利益は，成果の判定基準であり，それ自体致命的に重要な経済的機能を果たす必要不可欠なものである。

さらに企業は常に，「顧客は誰か」から端を発する「われわれの事業は何か。何であるべきか」を問い，明確にしなければならない。

ドラッカーはこれらをコンサルタントとしての仕事を通じて導いてきた。ドラッカーの最大の功績は，マネジメントを体系化したことである。ドラッカーは，「マネジメントとは，組織の機関である。組織とは，社会的な機能を果たし，社会に貢献するための社会の機関である」と定義し，３つの役割があるとする。１つ目は，自らの組織に特有の使命を果たすこと，２つ目は，仕事を通じて働く人たちを生かすこと，３つ目は，自らが社会に与える影響を処理するとともに，社会の問題について貢献することである。ドラッカーは，マネジメントを通じ，企業は成果をあげなければならないことを強調している。

注記

1）テイラーの科学的管理法に関しては，次の文献を参考にしている。
　テイラー著　上野陽一訳・編『科学的管理法』産業能率学短期大学出版部，1969年。
2）フォードのフォード・システムに関しては，次の文献を参考にしている。
　フォード著　竹村健一訳『藁のハンドル　ヘンリー・フォード自伝』祥伝社，1991年。
　フォード著　稲葉襄監訳『フォード経営　フォードは語る』東洋経済新報社，1968年。
3）ファヨールの管理プロセス論に関しては，次の文献を参考にしている。
　ファヨール著　佐々木恒男訳『産業ならびに一般の管理』未来社，1972年。
4）フォレットの統合論に関しては，次の文献を参考にしている。
　フォレット著　三戸公監訳　齋藤・西村・山下訳『創造的経験』文眞堂，2017年。
　フォレット著　米田・三戸訳『組織行動の原理　動態的管理』未来社，1972年。
5）バーナードの協働理論に関しては，次の文献を参考にしている。
　バーナード著　山本・田杉・飯野訳『新訳　経営者の役割』ダイヤモンド社，1968年。
6）サイモンの意思決定論に関しては，次の文献を参考にしている。
　サイモン著　二村・桑田・高尾・西脇・高柳訳『新版　経営行動　経営組織における意思決定過程の研究』ダイヤモンド社，2009年。
7）ドラッカーのマネジメントに関しては，次の文献を参考にしている。
　ドラッカー著　現代経営研究会訳『新しい社会と新しい経営』ダイヤモンド社，1970年。
　ドラッカー著　野田一夫監修　現代経営研究会訳『現代の経営』『ドラッカー全集第４巻』所収，ダイヤモンド社，1972年。
　ドラッカー著　野田・村上訳『マネジメント　課題・責任・実践　上下』ダイヤモンド社，1974年。

第5章　経営管理思想史(2)

第1節　本章で取り上げる学説

新たな管理方法として，知っておくべき学説として，組織に注目した学説と，従業員の心理に注目した学説とがある。本章では，従業員の心理に注目した学説として，従業員の「やる気」すなわち「動機」を追求したメイヨー（Mayo, G. E. 1880-1949）とレスリスバーガー（Roethlisberger, F. J. 1898-1974），従業員の動機づけを追求したアージリス（Argyris, C. 1923-2013），人間の欲求を階層ごとに分類したマズロー（Maslow, A. H. 1908-1970），性善説と性悪説の仮説をもとに追求したマグレガー（McGregor, D. M. 1906-1964），従業員の職務満足について追及したハーズバーグ（Herzberg, F. 1923-2000），管理には4つのシステムがあるとしたリッカート（Likert, R. 1903-1981），組織における人間観の変遷を述べたシャイン（Schein, E. H. 1928-）についてみていく。

第2節　メイヨーとレスリスバーガーの人間関係論[1)]

1927年から1932年にかけて，ホーソン工場では，照明を変化させたグループと変化させないグループを対象に，照明実験を実施した。この実験では，照明が明るくなれば，それだけ生産量が増えるだろうと想定されていたが，どちらも生産量の向上が見られた。

この驚くべき結果に実験メンバーは，ホーソン工場での実験をさらに拡大した。照明実験では，単に技術的，物理的な条件の変化だけではなく，人間の内面にまで踏み込んだ分析が必要と考えられた。こうした理由から，専門家のメイヨーとレスリスバーガーの協力を仰ぐことになった。

電話用継電器組み立ての流れ作業に従事する女性の工員を何名か選び，様々な作業の条件を変更しながら26ヵ月にわたって実験が行われた。このような場合，一般的には突然の環境変化という心理的な衝動により，工員の生産量は減ると予想されたが，結果は最高の生産量を示すことになった。

照明実験結果は驚くべきもので，日を重ねるごとに生産量は右肩上がりになった。つまり，作業条件をどのように変更しても，無関係に生産量は上昇した。

ではなぜ，作業条件を変えても生産量は影響を受けなかったのか。それは，女性工員たちが持っていた「選ばれている」という感覚が生産量に影響を与え，また，選ばれた作業集団の一員という意識を個々のメンバーが持つことにより，一体感や達成感をもたらし，そのような満足感がさらに生産量を高めるように作用したことが理由として考えられる。

これは，人間の感情を排除している機械的人間観にもとづいた科学的管理法では，全く発想されなかった。この実験により，人間の心理的側面と内面的側面の重要性が初めて指摘された。つまり，人間の心理的側面と内面的側面を重要視した新たな組織理論と管理論の必要性が生じたわけである。

このホーソン工場の実験では，「物理的作業条件と作業能率との間には，従業員の感情や意欲といった主観的な態度があり，これが大きく影響している」「この主観的な態度は，自然発生的に生じる非公式的な人間関係，いわゆる非公式集団の集団規模の影響を大きく受ける」「この集団規模が企業の組織目標をサポートするのであれば，生産性の向上につながる」「非公式集団の人間関係の良し悪しや集団規模の内容は，管理者の管理行動の良し悪しに大いに依存している」という4つの結果がでた。

ホーソン工場での実験結果では，科学的管理法が主張している当初の仮説は証明できなかったが，組織に所属する従業員のやる気が自然と発生すれば，必ず生産量が増えるということを発見したことが大きな成果であった。

ただし，組織に所属する従業員にやる気という空気よりも，さぼらせようとする空気が発生すれば，逆に生産量が落ち込むといえる。

第3節　アージリスの人と組織の理論[2)]

ほとんどの経営者は，従来，人間は機械と同じで，命令をしなければ働かないものだと考えていた。しかし，アージリスは，本来，「人間が成長しないはずはない」「従来の考えでは従業員のやる気がでない」と考え，従業員の動機づけの研究をした。

アージリスは，人間は精神的に成熟し，成長したいという自己実現欲求は強くなるものだと考えた。企業では，従業員は，そもそも上司のいいなりに働く人間であり，命令しなければ働かない。さらには，手取り足取り教えなければ仕事もできないという考えがあった。これは，従業員は自ら成長することがないと考えていたからである。つまり，企業と従業員の望んでいることが違い，従業員は組織から押さえつけや命令などで自分のやりたいことができず，「やる気」を失うというわけである。これでは，当然であるが能率も悪くなり業績も下がる。

このような状況からアージリスは，組織で働くことが個人的な成長につながる環境を作ることが大切だと考え，「職務拡大」と「参加的リーダーシップ」の2つを提案した。

「職務拡大」とは，担当する職務の種類を増やし，まとまりのある仕事にする。1つの物を作る時，作る過程の一部だけを担当させるのではなく，担当を拡大することで従業員は，充実感や達成感を味わうことができ動機づけが促進される。

「参加的リーダーシップ」とは，目標の設定や仕事のやり方の決定，業績の評価などといった管理プロセスに従業員を参加させる。管理を行うには長期的な視点，主体的な行動，自己管理などが必要である。従業員は管理プロセスに参加することで能力を身につけ，発揮できる。

この2つは個人に成長の機会を与え,「やる気」を促進するというものだが,アージリスは組織も従業員と同様に成長し,学習しなければならないと考えている。

組織の学習タイプには,「組織の目標や規則などは変更しないで問題を解決しようとするシングルループ学習」と「問題解決に必要ならば目標や規則などの変更もいとわないダブルループ学習」の2種類がある。現代のように環境の変化が激しい時代には,シングルループ学習よりもダブルループ学習が重要であるとアージリスは考えていた。

第4節　マズローの欲求階層説[3)]

マズローは,人間の欲求を生理的欲求,安全の欲求,社会的欲求,承認の欲求,自己実現の欲求の5つの階層に分けた。生理的欲求は,最低限の生命維持に関わる欲求を指す。安全の欲求は,自身の身の安全を守る欲求を指す。社会的欲求は,愛情と所属の欲求ともよばれ,何らかの社会集団に所属して安心を得たいという欲求を指す。承認の欲求は,単に集団に所属するだけでなく,所属する集団のなかで高く評価されたい,自分の能力が認められたいという職級を指す。自己実現の欲求は,自分の思い描いたキャリアを実現したいという欲求を指す。

欲求の階層は,一般的に,「低い階層にある欲求がある程度満たされると,次の階層の欲求を満たそうとする気持ちが強くなっていく」という構造になっていると考えた。

このように,人間の欲求を5つに分けた考え方を欲求階層説という(図表5－1参照)。5つの人間の欲求は,一次的欲求と二次的欲求の2つに分けることができる。一次的欲求は,生物が生きるために欠かすことのできない欲求を指し,生理的欲求と安全の欲求が該当する。二次的欲求は,人間関係や社会的地位に関わる欲求を指し,社会的欲求,承認の欲求,自己実現の欲求が該当する。

マズローの欲求階層説は，科学的な根拠がないとして多数の批判を浴びている。

しかし，経営学において，その後の動機づけ理論の展開に大きなインパクトを与えたこと，今日でも実務家の間で大きな影響力を持っているという2つの理由で無視できないものとなっている。

マズローの欲求階層説が無視できない理由として，マズローによる考え方があげられる。心理学の博士号を取得しているマズローは，当時の心理学が避けていた自己実現や創造性，価値，美，至高経験，倫理といったより人間的な部分に注目し，人間性心理学を提唱した。そのため，経営学だけでなく，看護学など他の分野でもマズローの欲求階層説は影響を与えている。

図表5－1　マズローの欲求階級説

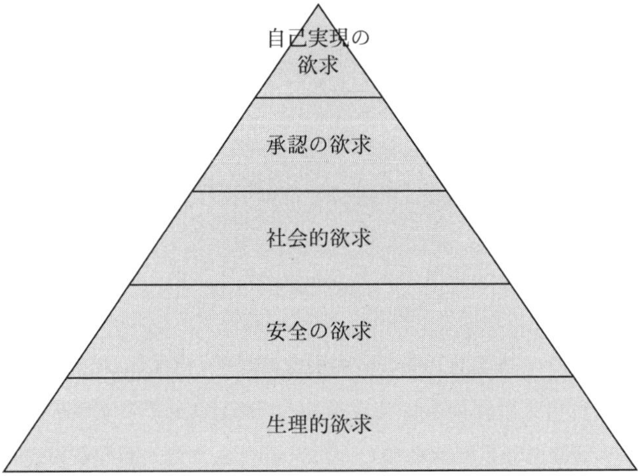

出所：筆者作成。

第５節　マグレガーのＸＹ理論[4)]

マズローの欲求階級説のような考え方を，Ｘ理論（性悪説）とＹ理論（性善説）の仮説によって，経営管理向けに適用したのがマグレガーである。

Ｘ理論（性悪説）とは,「普通の人は，生まれつき仕事が嫌いで，できることなら仕事はしたくない」「仕事を嫌う性質のために，強制・統制・命令されたり，処罰などで脅されたりしなければ企業目的達成のために十分な力を発揮しない」「普通の人は命令されるほうが好きで，責任を回避したがり，あまり野心をもたず，何よりも安全を望んでいる」という３つの人間観にもとづく伝統的な管理の理論である。

Ｘ理論（性悪説）では，このような人間観を前提に，現在の企業経営管理に深い作用を及ぼし，人間がより高い欲求の満足を求めると，Ｘ理論（性悪説）では人間の動機づけを先に進めることができないと説明されている。

Ｙ理論（性善説）とは,「人は仕事が嫌いではなく，条件次第で，仕事は満足の源泉にも懲罰の源泉にもなる」「人は自分が進んで献身した目標のためには，自らにムチ打って働くものである」「献身的に目標達成に尽くすかどうかは，それを達成して得る報酬次第である」「条件次第では，人は自ら進んで責任を取ろうとする」「企業内の問題を解決しようと比較的高度な想像力を駆使し，手練を尽くし，創造工夫をこらす能力は，たいていの人に備わっているものであり，一部の人だけのものではない」「現代の企業では日常従業員の知的能力のほんの一部しか生かされていない」と，６つの人間観を前提とする。より人間的側面を重視し，高い欲求の充足を図る必要があると指摘している。

Ｘ理論（性悪説）では，人間を本来は怠け者であるとし,「階級原則」と権限行使による，命令・統制でしか管理できないという考えである。

Ｙ理論（性善説）では，従業員が企業の繁栄のために努力することによって，各自の目標を最高に成し遂げられる条件を提供する考えである。

Ｙ理論（性善説）は，人間には成長・発展する可能性があり，状況に即応した手段をとる必要があるとし，人間は元来怠けや無関心なものではない。その原因が管理者であり，管理者は従業員が力を発揮できる条件を作ることが重要としている。

第6節　ハーズバーグの職務満足理論[5)]

ハーズバーグの理論は，人間は2つの欲求をもっている，という考えにもとづく。

1つは，苦痛を避けたいという欲求である。もう1つは，精神的に成長したいという欲求で自己実現欲求にあたる。

ハーズバーグは，会計士と技師を対象にして，不満や満足をもたらす仕事上の要因について調査をした。この調査で，「満足と不満足の要因は，全く異なっていること」，「満足は職務内容に関する要因で不満足は職場環境，であること」の2つがわかった。

この調査で満足をもたらした要因は，どれも職務内容に関連したものだった。この満足を高める要因を動機づけ要因と呼んだ。この動機づけ要因に働きかけて仕事が面白いものであれば，従業員はやる気になる。

一方，不満を感じたのは，職場環境に関する要因であった。環境要因は，生理的欲求や安全欲求のように，それが満たされたところで満足につながるわけでなく，それが満たされなければ従業員は不満を持ち，やる気を失うことになる。このような不満を防止する働きとなる要因を衛生要因と呼んだ。

ハーズバーグの理論は，2つの要因の名称をとって，「動機づけ－衛生理論」と名づけられた。この理論では，従業員に動機づけ要因を提供するための方法として職務充実を提案している。職務充実は，これまでの職務に管理的な要素，管理プロセスでいえば「プラン」と「チェック」の内容を付け加えることである。従業員は，ただ命令されて仕事をするのではなく，彼ら自身が管理をすることが，自己実現欲求を満足させることにつながり，やる気を引き出すことができる。また，職務充実が「管理」というこれまでよりも難しい職務を付け加えるのとは違い，職務拡大によって，職務の種類を増やす方法もある。

第７節　リッカートの４つの管理システム[6)]

リッカートは，多くの組織を分析した結果，一般的に行われている管理のスタイルが大きく４つに分類されることを発見した。そこで発見した４つの管理スタイルは，システム１からシステム４と呼ばれる。

システム１は，管理者は部下を信頼していない。意思決定や組織目標の決定はトップが行う。部下は恐れと脅し，懲罰と報償にもとづいて働かされている。統制機能はほとんどトップに集約されており，公式の組織目標に反抗する非公式組織が発生しやすい。

システム２は，管理者は部下に対し，信用はするが恩着せがましさを隠そうとしない。大抵の意思決定や組織目標の設定はトップが行う。動機づけには褒章と懲罰を，統制機能は依然としてトップに集中している。非公式組織は，必ずしも公式組織の目標に反抗するものではない。

システム３は，管理者は部下に完全ではないがある程度の信頼を寄せている。大抵の方針や一般的な決定はトップが行う。組織内で上下のコミュニケーションが行われる。統制機能の大部分が下位に委譲されている。非公式組織が発生することもあるが，目標に協調したり，部分的に反抗したりすることもある。

システム４は，管理者は部下を全面的に信頼・信用している。意思決定は組織全体で行われ，うまく統合されている。コミュニケーションは，上下方向や同僚間でも行われ，構成員は組織の目標決定にも参加が許されており，これにより動機づけられる。統制機能は，低位の職場単位まで完全に責任を分掌している。公式組織と非公式組織など，すべての社会的力が設定された組織目標の達成に向けられる。

リッカートが研究した結果，高い生産性を達成している部署はシステム４のような相互の信用・信頼に基礎をおく管理スタイルが取られている組織である。

第8節　シャインの複雑人モデル[7)]

組織における人間観の変遷を研究したのがシャインである。シャインは，経営学における人間モデルの変遷を，「経済人モデル」，「社会人モデル」，「自己実現人モデル」，「複雑人モデル」の4つに類型している。

「経済人モデル」とは，テイラーの提唱したモデルで，経済的報酬によって人々の行動は変わる考え方である。「社会人モデル」とは，メイヨーの提唱したモデルで，人は経済的報酬だけで動くのではなく，グループに属したいという欲求をもって行動する考え方である。「自己実現人モデル」とは，マズローの提唱したモデルで，人は他律的に行動するのではなく，自律的に行動し，自分らしく生きたいとの考えから行動をする考え方である。「複雑人モデル」とは，シャインの提唱したモデルで，人々の欲求の多様性と同じく，人間の中にある欲求の重層性を前提に人間をとらえる考え方である。

「複雑人モデル」とは，単純に「経済的」，「社会的」，「自己実現的」な考えただけでは，人の動機づけは難しいとしている。すなわち，「経済的」，「社会的」，「自己実現的」だけに限定せず，家庭生活や地域生活，趣味等の様々な生活を視野に入れた，複雑で総合的で変化に富むものと捉え，人の動機づけを理解する方法として，「キャリア・アンカー」の考え方を示した。それには，①能力・才能（できること），②欲求・欲望（やりたいこと），③価値観（意義や幸福感を感じられること）の3つの要素があるとして，人の動機づけに大きな影響力を持っているとしている。

さらに，シャインは，8つの領域である，①専門・職種別コンピタンス，②全般管理コンピタンス，③自律と独立，④保障や安定，⑤起業家的創造性，⑥奉仕や社会貢献，⑦純粋な挑戦，⑧生活様式があると提唱している。

この8つの領域で，もっとも大切にしたいものと，反対にそれほど重要視していないものから，重要視することと，重要視しないことの両面から考えることで，自分の「キャリア・アンカー」を探ることができると述べている。

「キャリア・アンカー」は，どちらかというと自分の内面的な考え方である。しかし，実際に働くことによって，個人の希望だけを貫くことはできず，個人の要望と企業の要望等を調整する必要がある。自分の内面的な考え方だけでなく，外面的な考え方も必要であるとの考えから，この考え方を「キャリア・サバイバル」と定義している。

「キャリア・サバイバル」には，①現在の職業と役割を棚卸しする，②環境の変化を識別する，③環境の変化が利害関係者の期待に与える影響を評価する，④職務と役割に対する影響を確認する，⑤職務要件を見直す，⑥職務と役割の戦略的プランニング・エクササイズの輪を広げる6つのステップがあるとしている。

シャインは，キャリアを複雑かつ総合的で変化に富むものと考え，そのようなキャリアを読み説き，自己が納得してキャリアをデザインするための概念として，「キャリア・アンカー」，「キャリア・サバイバル」，「複雑人モデル」を提唱している。

注記

1）メイヨーとレスリスバーガーの人間関係論に関しては，次の文献を参考にしている。
　メイヨー著　村本栄一訳『新訳　産業文明における人間問題』日本能率協会，1967年。
　桜井信行『新版　人間関係と経営者』経林書房，1971年。

2）アージリスの人と組織の理論に関しては，次の文献を参考にしている。
　アージリス著・伊吹山太郎・中村実訳『組織とパーソナリティー　システムと個人の葛藤』日本能率協会社，1970年。

3）マズローの欲求階層説に関しては，次の文献を参考にしている。
　マズロー著　小口忠彦訳『人間性の心理学　モチベーションとパーソナリティ』産能大出版部，1987年。

4）マグレガーのＸＹ理論に関しては，次の文献を参考にしている。
　マグレガー著　高橋達男訳『新訳版　企業の人間的側面』産業能率学短期大学出版部，1970年。

5）ハーズバーグの職務満足理論に関しては，次の文献を参考にしている。
　ハーズバーグ著　北野利信訳『仕事と人間性―動機づけ―衛生理論の新展開』東洋経済新報社，1968年。

6）リッカートの4つの管理システムに関しては，次の文献を参考にしている。
　リッカート著　三隅二不二訳『経営の行動科学　新しいマネジメントの探求』ダイ

ヤモンド社，1964年。

7）シャインの複数人モデル（ならびに経営学における人間モデルの変遷）に関しては，次の文献を参考にしている。

　シャイン著　二村・三善訳『キャリア・ダイナミクス』白桃書房，1991年。

第6章　経営戦略

第1節　経営戦略の定義と系譜

経営戦略の議論がいち早く活発になったのは，第二次大戦後のアメリカである。「戦略」という用語はギリシャ語のstrategos（「将軍の技」の意味）からきており，元来は軍事学の用語であったといわれる[1)]。

それを経営戦略という用語としてはじめて用いたのはチャンドラー（Chandler, A. D.）である。彼は，経営戦略を「企業の基本的長期目標の決定，とるべき行動方向の採択，これらの目標遂行に必要な資源の配分」と定義している[2)]。他にも経営戦略の定義は様々あるが，それらを総評すると「企業を取り巻く環境の変化に対応しながら，企業の長期的な目標を達成するために，自社の経営資源（ヒト・モノ・カネ・情報）を有効配分すること」と解釈できる。

次に，日本における1960年代以降の経営環境の変化と，それに伴う主要な経営戦略の系譜を整理する。

1960年代は，高度経済成長期の真っ只中であり，この時代の特徴はつくれば売れる時代，つまり，生産者志向であった。オートメーション化やセルフサービス販売方式の導入により，大量生産・大量販売方式を実現した。この時代の主流の経営戦略は拡大化戦略であった。拡大化戦略とは，既存製品による市場浸透をはかったり，新市場を開拓したりすることである。具体的には，製造企業であればオートメーション化による生産効率化や増産，卸売企業や小売企業であれば取引数量や取引地域の拡大である。ここで，アンゾフ（Ansoff, H. I.）

がいう成長マトリクスを図表6－1に示す。

図表6－1　成長マトリクス

市場＼製品	既存	新規
既存	市場浸透戦略	製品開発戦略
新規	市場開拓戦略	多角化戦略

出所：アンゾフ著／広田寿亮訳『企業戦略論』産能大出版部，1969年，137頁。

彼は製品と市場によって示される企業成長の方向性を成長ベクトルと呼んでいる。そして，製品と市場のそれぞれ新旧による組み合わせによって4つの企業成長の選択肢があるとしている。

①市場浸透力戦略

現在の製品を現在の市場に浸透させる。生産量・仕入量・販売量を増加する。宣伝広告の強化により，市場シェアの拡大を図る。

②市場開拓戦略

販売地域の拡大である。現在の市場での需要が飽和状態にある場合に効果的である。その際，新たな市場での需要や競合他社の存在，さらには自社の管理体制などを考慮する必要がある。

③製品開発戦略

現在の市場に新たな製品を展開することである。現在の市場での自社の知名度や信頼をいかすことが期待できる。また，現行の流通経路，宣伝広告なども活用しやすい。

④多角化戦略

新たな製品セグメントを導入する。製品開発と市場開発を同時に行うため最も大掛かりな計画になる。事業の拡大がこれにあたる。

日本の1960年代の経営戦略の主流は上記の①～③であったといえよう。

それが，1970年代になると，拡大化した企業は，多角化戦略へ推移していくことになった。同時に，多角化した事業活動の管理方法についても議論がなされるようになった。そのアプローチは，その時点での収益性を基準とするのではなく，自社の将来性，業界の将来性，競争優位性を見据えた資源配分を行うことを目的としたものであった。図表6－2に示したボストン・コンサルティング・グループ（Boston Consulting Group；BCG）のプロダクト・ポートフォリオ・マネジメント（Product Portfolio Management；以下，PPM）はその先駆けで，多角化した企業の全社的な事業管理として用いられる。

図表6－2　プロダクト・ポートフォリオ・マネジメント

市場成長率 ＼ 相対的マーケットシェア	高	低
高	花形製品（花形事業）	問　題　児
低	金のなる木	負　け　犬

出所：アベグレン＋ボストン・コンサルティング・グループ編著『ポートフォリオ戦略』プレジデント社，1977年，71頁。

PPMでは相対的マーケットシェアと市場成長率という2軸から各事業（あるいは各製品）を4つの象限に区分する。相対的マーケットシェアとは，その事業（あるいは製品）の市場における自社の競争上の地位を意味し，市場成長率とは，その事業の将来性（製品であれば製品ライフサイクル上の位置づけ）である。このマトリックスによる区分は資源配分の基準となる。4つの象限は，それぞれ次の特性がある。

【花形製品（花形事業）】

相対的マーケットシェアも市場成長率も高い。収益が多い反面，成長のための資金流出も大きい。市場成長率が緩やかになれば，金のなる木になる。

【金のなる木】

相対的マーケットシェアが高く，市場成長率が低い。低成長のためシェアの維持にかかる投資は少なくて済み，大きな収益を得ることができる。企業にとって主力事業となる。

【問題児】

相対的マーケットシェアが低く，市場成長率が高い。成長率という意味では魅力的であるが，この時点での収益力がない。投資をすることで今後，収益力が高まり，将来の花型製品や金のなる木となる可能性もあるが，一方で投資を怠ると負け犬にならざるを得ない。それが問題児といわれる所以である。

【負け犬】

相対的マーケットシェアも市場成長率も低い。今後に成長が期待できないため投資の必要性がない。事業の撤退や合理化（縮小）を考えるべきである。

以上，4つの象限について説明したが，結論としては，市場成長率が低下した時点で「金のなる木」か「負け犬」のいずれかになる。そして，「金のなる木」になった場合のみが企業の資金創出源となる。企業において，重要なことは資金をどの事業から調達し，その資金をどの事業へ配分するかが重要となる。それは事業部門別に考える事業戦略の前提として企業全体として考える全社戦略があるからだ。「金のなる木」から得た資金は将来の「金のなる木」が見込まれる「花形製品」や「問題児」に投資される。

1980年代になると，企業間競争は一段と激しさを増すことになる。従来は企業と企業との競争だったものが，多角化した企業では自社の特定事業と他社の特定事業との競争へと変化してきている。こうした理由から事業戦略は競争戦略とも呼ばれる。この時代に代表的な学説を唱えたのがポーター（Porter, M. E.）である。

彼は，競争戦略としての基本戦略を，①コスト・リーダーシップ戦略，②差別化戦略，③集中戦略という3つから構成されるとした。

①コスト・リーダーシップ戦略

零細顧客との取引を避ける，R＆D，サービス，セールスマン，広告などのコストを切り詰めることで競合他社よりも低価格で販売し，市場シェアを拡大する戦略。

②差別化戦略

自社の製品・サービスが製品設計や性能（機能），品質，ブランド，技術，アフターサービス等の要素で魅力をつける戦略。

③集中戦略

特定の顧客や特定の市場といった狭いターゲットに対して資源を集中する戦略。限られた資源を用いる場合にとられる戦略。

一般的には，コスト・リーダーシップ戦略と差別化戦略の両立は難しいとされる。しかし，特定の狭い市場に絞った集中戦略はその両立が可能となる。

1990年代に入ると，競争優位性の持続が着目されるようになった。こうした中で，ハメルとプラハラード（Hamel, G. & Prahalad, C. K.）が提唱したコア・コンピタンス（企業の中核能力）経営は，資源ベース論[3]は持続的経営の根源となる考えとして今日に至るまで影響を与えることになった。

第2節　M＆A

時代の経過とともに，企業は拡大化，多角化などによる成長がみられたが，その他の手段としてM&A（Merger & Acquisition）がある。これは自社の不足を補う方法として手っ取り早い方法であり，それは次の4つに大別できる。

①企業の合併

吸収合併と新設合併（対等合併）がある。吸収合併は，例えばA社がB社を吸収する場合，法人格はA社のみが存続する（社名はA社となる）。多くの場合，大企業が中小企業を吸収する。これに対して新設合併（対等合併）は，最初に手続上，新設企業X社を新設し，既存のA社とB社をX社に吸収するという方法である（社名はX社となる）。

②株式の取得

取引市場で買う場合，公開買付け（Take-Over Bid；TOB），相対取引，株式交換がある。公開買付けとは，買付け期間，買取り株数，買取り価格を公告することで，不特定多数の株主から株式を買い集める制度である。相対取引とは，

6取引所を介さず，売り手と買い手の間で交渉する取引方法である。株式交換とは，相手株を取得する際に，現金ではなく自社株と交換する方法である。

③経営統合

複数の企業が持株会社を設立し，その子会社となることである。それぞれの企業の法人格は維持される。2000年以降，特に頻繁に行われているグループ化はこれにあたる。グループ経営は，グループ内部の複数の企業が互いに協力し合うもので，製品開発や顧客共有などといった業務提携，グループ企業の株式を互いに共有する資本提携などが実現しやすいことがメリットである。

④資産取得

他社の事業部を買い取ることである。「選択と集中」の代表的なものである。

第3節　経営戦略の策定プロセス

次に，経営戦略の策定に至るまでに必要なプロセスについて説明する。経営戦略策定の基本的なプロセスは図表6－3のとおりである。このプロセスに従って説明する。

図表6－3　経営戦略策定のプロセス

環境分析 → 自社分析 → 目標の設定 → 経営戦略の策定

出所：筆者作成。

【環境分析】

環境分析は，国際関係，政治，経済，人口統計，需要の変化，競合他社の分析等といった自社を取り巻く環境の分析をする。重要なのは大局を読み間違えないことである。環境は自社の力ではコントロールできない。そのため，自社を取り巻く環境を認識し，その変化を予測して適応させていく必要がある。その要因はマクロ環境と製品・市場環境の2つに分類することができる。

a．マクロ環境の分類

マクロ環境は，企業を取り巻く「一般的な環境」を意味する。この内容には次のものがあげられる。

①一般経済

景気の変動，国内外の財政，物価，などがあげられる。

②人口統計・所得階層

消費財を取り扱う産業では深く関連する。人口や所得の現状や将来は統計からある程度読み取れる。

③技術革新と産業構造の変化

生産財を取り扱う産業では深く関連する。新技術が産業構造までも変えてしまうこともある。

④社会・文化

社会や文化は急激に変化することは少ないが，そうはいっても時代の変化に適応できなければ有効な経営戦略は立案できないため注意を払う必要がある。

⑤政治・法律

貿易の規制や環境保護の法律，薬価基準などの影響などがあげられる。こうした影響から経営戦略の変更を余儀なくされることもある。

b．製品・市場環境の分類

自社が現在競争をしている分野（もしくは将来競争するであろう分野）である。

①市場

この分析の内容には，市場の規模，市場の成長率と将来性，消費者行動，商品のライフサイクルなどがあげられる。

②流通

原材料や製品の仕入先は，販売先はもちろんのこと，金融機関や運送業者，保険業者など，流通経路上にあるすべてが関係してくる。

③技術変化

技術変化を予測することは研究開発戦略に関係してくる。

④法規制

薬品，金融，通信などの産業は特に大きな影響を受ける。

【自社分析】

自社の経営資源について分析を行う。また，組織構造や宣伝広告，企業文化なども分析する必要がある。この分析ができていないと次のプロセスの企業目標の設定ができない。

自社分析の目的について河野は次の3つをあげている[4]。

①自社の強みに合った経営戦略を見つけ出す。

②自社の弱みを補強する。

③弱みを補強するための経営戦略の必要をトップマネジメントに認識させる。

この内容については詳細な経営戦略モデルを提唱したことで知られるアンゾフ（Ansoff, H. I.）もほぼ同様な認識をしている[5]。

【目標の設定】

ここでいう目標とは長期目標を意味する。なお，経営戦略の策定プロセスに企業目標の設定を含めない（図表4－3でいう「経営戦略の策定」のみ）という経営学者[6]もいるが，経営戦略は企業の長期的な目標を達成するために，自社の経営資源を有効配分することであるため，本書では，目標の設定に必要な環境分析から経営戦略の策定までを含める。

目標は，環境分析と自社分析をもとに設定する。また，目標の設定にあたりドメインを決定しなければならない。ドメインとは企業の活動領域である。それは，自社の経営資源，消費者ニーズの変化，競合他社の存在等の要素を複合的観点から決定する。

第4節　経営戦略の3つのレベル

経営戦略には階層別に3つのレベルがあり，それぞれで経営戦略が策定される。3つのレベルとは，図表6－4に示す全社戦略（企業戦略），事業戦略，機能別戦略（生産，研究開発，人事，財務，マーケティングの各戦略）である。

図表６－４　経営戦略策定のプロセス

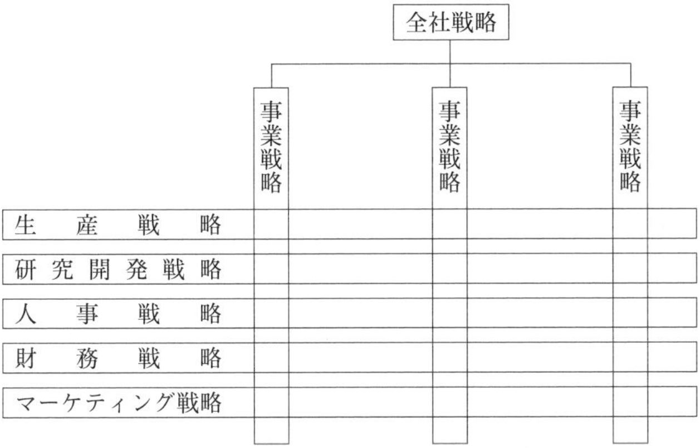

出所：石井淳蔵・奥村昭博・加護野忠男・野中郁次郎著『経営戦略論』有斐閣，1985年，11頁をもとに筆者作成。

全社戦略（企業戦略）は，企業全体としてどのような事業分野で行動すべきかについての戦略である。経営戦略の構成要素としては，活動領域の選択と事業間の資源展開である。事業戦略は，特定事業でいかに競争するかという戦略である。経営戦略の構成要素としては，資源展開と競争優位性である。事業部を１つしかもたない場合は，全社戦略＝事業戦略となる。

機能別戦略は，資源の有効活用に関する戦略である。経営戦略の構成要素としては，資源展開とシナジー（相乗効果）である。生産，研究開発，人事，財務，マーケティングなどについて策定される。手順としては，通常，企業戦略→事業戦略→機能別戦略の順に決められていく。

注記

1）「戦略」という用語は、プロイセン王国の軍事学者クラウゼヴィッツ（C. Clausewitz, C.）の『戦争論』で用いたのが起源という説がある。（ガルブレイス＆ネサンソン著　岸田民樹訳『経営戦略と組織デザイン』白桃書房，1990年，３頁。）

2）チャンドラー著　三菱経済研究所訳『経営戦略と組織　―米国企業の事業部制成立史―』実業之日本社，1967年，17頁。

3）企業が保有する経営資源（主要となるヒト・モノ・カネ・情報の他に技術，ブランド価値，ネットワークなどを含める）の特徴（異質性）が，競争優位性を決めることになるという考え方。

4）河野豊弘著『現代の経営―企業文化と戦略の適合―』ダイヤモンド社，1992年，124頁。

5）アンゾフ著　中村元一・黒田哲彦訳『最新・戦略経営』産能大出版部，1990年（H. Igor Ansoff, The New Corporate Strategy, Wiley, 1988）。

6）例えば，アンゾフ（Ansoff, H. I.）は，経営戦略のプロセスとして企業目標を含めないと明確に述べているわけではないが，彼の残した数多くの書籍より，目標が立てられた後から（戦略の策定のみ）が経営戦略と認識していることが読み取れる。

参考文献

アンゾフ著　広田寿亮訳『企業戦略論』産能大出版部，1969年。
アンゾフ著　中村元一・黒田哲彦訳『最新・戦略経営』産能大出版部，1990年。
（Ansoff, H. I., The New Corporate Strategy, Wiley, 1988.）
石井淳蔵・奥村昭博・加護野忠男・野中郁次郎著『経営戦略論』有斐閣，1985年。
ガルブレイス&ネサンソン著　岸田民樹訳『経営戦略と組織デザイン』白桃書房，1990年。
河野豊弘著『現代の経営―企業文化と戦略の適合―』ダイヤモンド社，1992年。
チャンドラー著　三菱経済研究所訳『経営戦略と組織―米国企業の事業部制成立史―』実業之日本社，1967年。

第７章　経営組織

第１節　組織とは

現代社会には，多種多様な組織が存在している。組織には，企業，学校，病院，市町村役場，警察，消防などがある。組織が存在するには，必ず理由がある。その理由は，それは，その組織が設立された根本的な目的にある。学校であれば「教育」，病院であれば「治療」，市町村役場であれば「市民の支え」，警察であれば「治安」，消防であれば「人命の安全確保」，というようにそれぞれには目的が必ずある。

しかし，組織とはいったい何であろうかと考えた場合，理解が難しい。その悩みを解決してくれるのがバーナードであろう。まずは，組織を理解するために，バーナード理論についてみていく。

第２節　組織とバーナード理論

バーナードは自身の著書である『経営者の役割』で，組織の本質について説明している。この説明が，組織を理解する場合に最もわかり易く明確である。バーナードは，組織がどのような状況でできるのかを示し，「人間は自由な意思を持ち，自由に行動する」との考えから組織の理論を組み立てている。バーナードの考えでは，「二人以上の人が集まった集団を組織」と定義し，組織が出来上がるための３要素として，「共通目的」「貢献意欲（協働意志）」「コミュニケーション」をあげている。

組織には「目的」がなければならない。目的が明確であればメンバーは組織のためにどのような協力をすればいいのかを理解できる。さらに，各人が分担して仕事を行うことができるようになる。すなわち，組織に参加するメンバーは，その目的をしっかりと理解していることが大切であるとしている。

「貢献意欲（協働意志）」とは，組織に参加するメンバーが，組織のために頑張ろうとする意欲を意味する。もし，自分が働いた以上に高く評価（給料など）された場合は，意欲が高くなるか現状が維持される。しかし，自分が働いたことへの評価が低い場合は，意欲は現状維持ができずに低下することが多い。このように，組織に参加する人の「貢献意欲（協働意志）」は，組織が与える評価によって左右されるとしている。

「コミュニケーション」とは，組織に参加する人とって，それぞれの考え方や意思を伝達することによって，他の意見や情報を交換し，他の考え方や意思を理解するために必要である。すなわち，「コミュニケーション」には，組織の目的を理解させる役割や貢献意欲を高める役割がある。

さらに，バーナードは，組織を存続させるためには，「内部均衡」と「外部均衡」の 2 つが必要だと考えた。

「内部均衡」とは，組織に参加するメンバーの労働意欲の減少や能率低下がおこらないようにすることである。すなわち，「共通目的」「貢献意欲（協働意志）」「コミュニケーション」の 3 要素のバランスを保ちながら，組織に参加する人の労働意欲を引き出すことにある。

そもそもバーナードは，「人間は自由な意思を持ち，自由に行動する」との考えから，自分の目的のために行動する人間がいて当たり前と考えている。現実には，労働者は働いて給料をもらうことが個人の目的になっている。個人の目的と組織の目的が共通目的であれば問題ないが，少し目的には違いがある。その違いを埋めるために，労働者が頑張ってくれた時には，組織から褒美を出し，労働意欲が下がらないようにすることが大切としている。

「外部均衡」とは，組織の外側にある環境とのバランスである。組織の目的は外部環境とバランスを保たなければならず，このバランスを保つことによって，組織は有効なものとなり，目的達成の可能性が高くなる。

逆に，組織は外部環境とのつながりを必ず持っているために，もし，組織が外部環境に受け入れてもらえなくなれば，いくら内部環境が素晴らしくても，組織の目的達成は不可能となる。

このように「内部均衡」と「外部均衡」は，組織を維持していくためには大切な条件になる。組織の目的を達成した時には，メンバーは組織から褒美を与えられ，結果的には，その褒美が労働者の貢献意欲を引き出すことになる。

第3節　組織の諸形態

経営学では特に，企業組織を取り上げて研究がなされている。企業組織の中でも，製造業を考える場合が多い。本節では，基本的に製造業を取り上げて説明する。

組織と戦略には深い関係が存在している。その関係について，チャンドラー（Chandler, A. D.）は「組織は戦略に従う」と述べ，アンゾフ（Ansoff, H. I.）は「戦略は組織に従う」と述べている。チャンドラーのいう組織は，組織構造（外部環境や事業特性，戦略などを考慮して設計された組織の形態）を意味し，アンゾフのいう組織は，組織文化（組織のメンバーが共有するものの考え方，ものの見方，感じ方）を意味している。

すなわち，チャンドラーもアンゾフも，戦略目標を達成するために組織は重要であると考えていたことに間違いない。

企業は，戦略目的を達成するための組織形態を考え出す（作り出す）ことが最も基礎的であり，最も大切なことである。

組織の基本形態はどのような代表的な形態があるのかを以下でみていく。ここでは，一般的な組織形態として取り上げられる，①ライン組織，②ファンクショナル組織，③ライン・アンド・スタッフ組織，④プロジェクト組織，⑤職能別組織，⑥事業部制組織，⑦マトリックス組織，⑧ネットワーク組織，⑨フラット組織について説明する。

この９種類の組織形態こそ，組織を理解するうえで，経営学を学ぶのであれば最低限度知っておくべき形態である。

これら組織の特徴をできる限りわかり易く簡潔にまとめる。また，図を必要とする組織形態には，基本的な組織図を示しながら説明していく。

①ライン組織

上から下への命令系統によって結ばれている組織で，部下は直属の上司からの命令を受ける。一つ命令系統であるため，上司から部下に対する命令内容によって結果に大きな違いが生じる場合もある。すなわち，上司の能力によって，その結果に大きな違いが生じやすい。

図表７－１　ライン組織

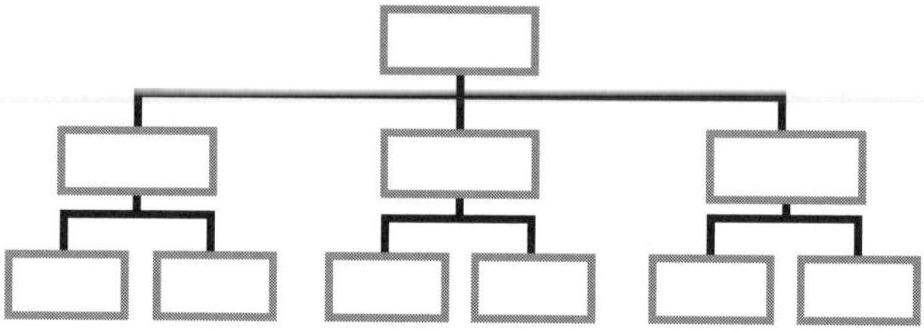

②ファンクショナル組織

テイラーが提唱した，職能的職長制度にもとづく組織で，部下は職能別に上司をもち，それぞれの職能にもとづいた命令を受ける。この組織では，職能分化によって職能別に管理者がいるので，管理者の負担が軽減される。しかし，命令系統が複雑になるため，命令に重複や矛盾が生じやすい。すなわち，期待した結果と，そうでない結果が生まれてしまうこともある。

図表７－２　ファンクショナル組織

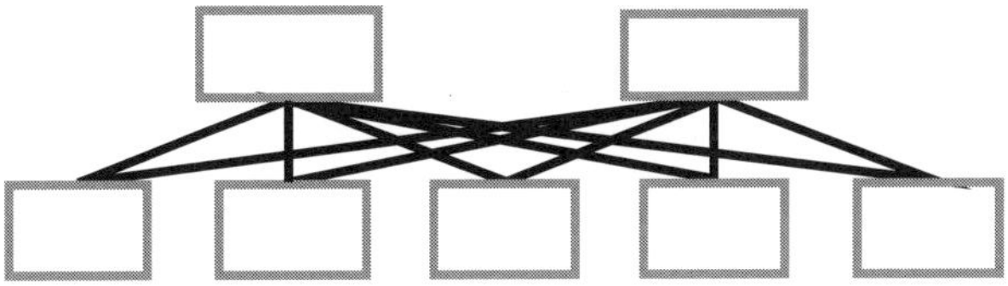

③ライン・アンド・スタッフ組織

ライン組織とファンクショナル組織の長所を取り入れた組織で，ライン組織の命令の統一性を保ち，さらには，ファンクショナル組織の専門化の利点を生かすために考えられた。ライン組織の命令の統一性を保つことと，ファンクショナル組織の専門化の利点を生かさせることのバランスを保つことができるかによって，その組織の機能には大きな影響がある。

図表７－３　ライン・アンド・スタッフ組織

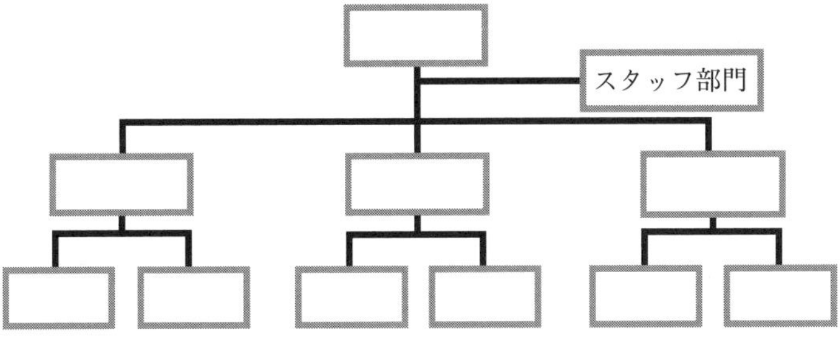

④プロジェクト組織

一時的な組織である。この組織はある特定のプロジェクトを実行するために，必要な経営資源である「ヒト」「モノ」「カネ」「情報」を集めて組織を形成している。戦略目標によって，その都度に形成される組織である。期間の限られた短期目標を達成するには向いている。しかし，長期目標には向いていない場合もある。プロジェクトが終了すると解散する。

⑤職能別組織

最も一般的な形態で，製造，販売，財務，人事などのように，業務の内容に応じて分化している。専門領域が明確になるため効率的に仕事を進められるが，部門間での壁ができる恐れがある。すなわち，複数事業を営む場合は不向きでもある。それは，それぞれの事業を統一して管理する機能が存在しないためである。

図表７－４　職能別組織

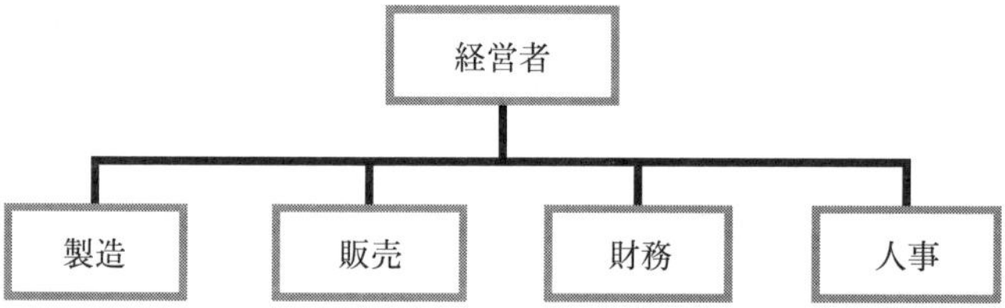

⑥事業部制組織

1920年代にアメリカのGM社やデュポン社などによって採用された組織形態である。その後，本格的に普及し，製品別，地域別，顧客別に部門化して事業部を形成し，本社機構がこれらの事業部を統括するという形態である。また，各事業部内で一連の機能が完結するため，全社的な意思決定の調整が難しいこともある。

図表７－５　事業部制組織

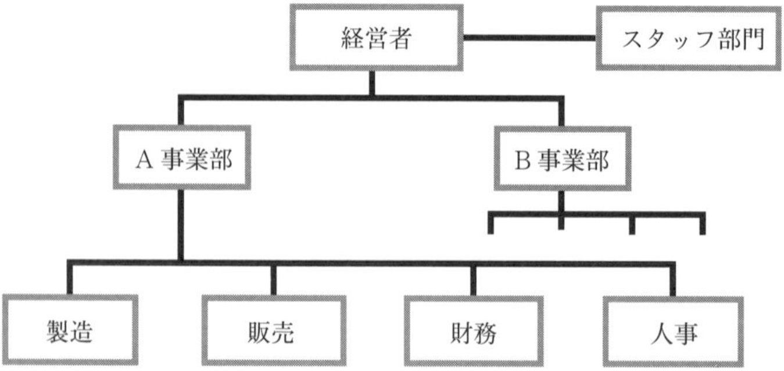

⑦マトリックス組織

2つの異なる編成原理にもとづいて，従来の組織の欠点を克服し，より柔軟で効率的な組織を目指したものである。それは，職能別組織にそれら各機能を横断する事業部などを交差させ，構成員は専門とする職能部門と事業を遂行する部門の両方に所属する組織である。

図表7－6　マトリックス組織

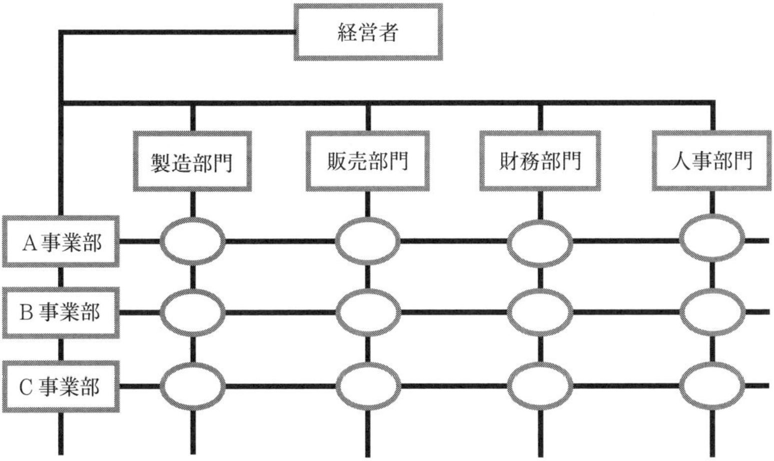

⑧ネットワーク組織

ライン組織のようなヒエラルキー（階層制や階級制）を考えない，新しい編成原理にもとづいて形成される組織である。この形態は，自主的な参加を前提とした緩やかな結び付きでしかないために，指示・命令を強制できないという弱点がある。

図表7－7　ネットワーク組織

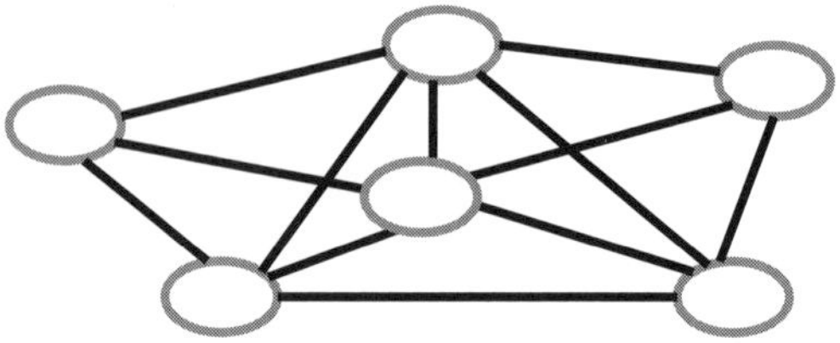

⑨フラット組織（文鎮型組織）

1990年代のバブル崩壊後の景気低迷の中で，多くの日本企業が行ったのが，組織のフラット化であった。組織階層をできるだけ減らし，上下のコミュニケーションを改善することによって，市場の変化に向けた迅速かつ適切な意思決定をするために導入された。

図表7－8　フラット組織（文鎮型組織）

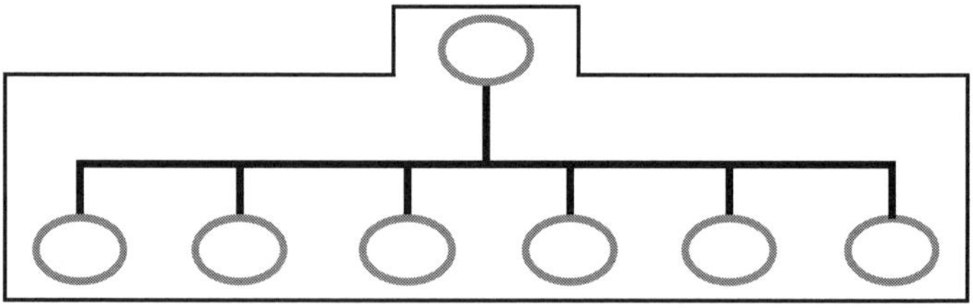

第4節　組織への参加

先にもみたが，バーナードの考えでは，「2人以上の人が集まった集団を組織」と定義し，組織が出来上がるための3要素として，「共通目的」「貢献意欲（協働意志）」「コミュニケーション」をあげている。しかし，組織を維持するためには，組織の参加者同士が互いに人間関係などの意識的な調整を行っていることを忘れてはならない。

では，意識的な調整とはどのようなものだろうか。それは，決して難しいことではない。どちらかというと，組織に参加する前から，この意識的な調整が行えると考えているからこそ，その組織に参加するのであろう。ただし，その意識的な調整ができなくなった場合に，その組織に参加していた人も，自然とその組織から離脱してしまう。

組織から離脱するにはそれだけの理由が存在することも事実である。その理由が，本人の問題であるのか，または，その他が関係しているのかは，そのケースによって異なる。すなわち，組織に参加している人に，「やる気がある＝参加意識が高い」とか「やる気がない＝参加意識が低い」というような簡単な理由ではない。必ずしも，「やる気がない＝参加意識が低い」から，その組織には参加したくない。だから，組織に参加するために，意識的な調整を行ってまで所属したくないと考えることによって離脱する。

意識的な調整は決して難しいものではないといったが，継続して，同じ意識を思った状況で組織に参加し続けることは簡単ではないことも事実である。そこで，組織に参加する人が「やる気がある＝参加意識が高い」状況を継続するための研究が進められることとなった。それは，立派な組織という箱を作ることから，組織をいかにうまく運営するかという課題に取り組むこととなる。

組織運営に関する研究は，さまざまな角度から行われている。組織行動論という分野がまさしく，この問題に取り組んだ研究である。

参考文献

山本安次郎訳編『新訳 経営者の役割』ダイヤモンド出版，1968年。
十川廣國編著『経営組織論［第2版］』中央経済社，2013年。
明治大学経営学研究会編『経営学への扉　第4版』白桃書房，2013年。
片岡信之，斎藤毅憲，佐々木恒男，高橋由明，渡辺峻編著『はじめて学ぶ人のための経営学入門』分眞堂ブックス，2008年。

第8章　企業文化

第1節　企業文化の定義と構成要素

企業文化とは，簡単にいえば企業の体質・性格である。それは，価値観，行動様式，経営戦略にまで影響するものである。

企業文化に関する研究が日本で広まり始めたのは，1980年代である。もともと企業文化という用語は，コーポレート・カルチャー（corporate culture）の訳語としてアメリカからきている。1980年代，国民の需要の多様化や産業内競争，さらには国際関係の複雑化によって，これまでの拡大化・多角化だけでは成長を見込めなくなった。このような環境に適応し，業績を上げるための企業文化の在り方が注目されるようになったのである。

1985年以降になると，企業文化は経営者の経営課題として明確に位置づけられるようになった。その理由について，梅澤正は次の2つをあげている[1)]。

1つの理由は，企業文化を経営資源として認識するようになった点である。

企業文化は，時に「見えざる経営資源」と表現されるが，社会学的な視点からすると企業文化の機能が顕在化しはじめたと理解できる。他の経営資源に比較すれば依然として潜在的であるにしても，目を見張るほど企業文化の機能が顕著になったことが，企業人にとって強く意識されるようになった。

もう1つの理由は，企業文化へのアプローチが，企業の環境適応として必要だという認識されるようになった点である。

1980年代以降，企業文化についての研究者や企業人の意識は，企業経営に関わる戦略上の課題という視点で次のような認識をもたらすようになった。

①企業文化は，「見えざる経営資源」として組織の在り方に大きな影響力をもっているので，事業戦略に合わせて，これを適切にマネジメントすることが重要である。

②新規事業に進出し，業容の多角化に取り組むためには，それにふさわしい企業文化や組織風土を育成していくことが不可欠である。

現在に至るまで企業文化について数多くの研究がなされてきたが，これらの先行研究は，視点の違いにより主に3つのカテゴリーに分けられる。第1は，企業文化と経営戦略との適合関係についての研究，第2は，企業文化と経営業績との関係についての研究，そして第3は，企業文化の管理についての研究である。

では，そもそも「文化」，「企業文化」とは何だろうか。

日本語の「文化」は，ラテン語のcultus，それに由来する英語のcultureを翻訳したもので，元々は「栽培，転じて教養」を意味したものとされている[2)]。文徳，教化，学問，芸術，道徳といった用語は，このことに関連している。これまでの歴史を辿ってみると，人間の精神的な働きによって文明開化が進み，人間生活は高まってきたわけであるが，そうするうちに文化という用語は，生活様式そのものをも指すようになってきた[3)]。

それでは，企業文化とはどのように定義できるのだろうか。これまで，企業文化について数多くの研究者が定義をしてきた。その定義には次のような特徴があげられる。

- 企業文化は，長年の企業活動によって形成されたものである。
- 企業文化は，企業哲学や経営理念のように経営者が企業内部に浸透させようと意識したものだけでなく，伝統や慣習なども含まれる。
- 企業文化は，企業内部の人々の本音を意味する。
- 企業文化は，戦略と密接な関係をもっている。
- 企業文化は，企業の業績を大きく左右するものである。
- 企業文化は，企業内部の人々の共通した考え方や共通した行動パターンである。

次に，代表的な研究者がいう企業文化の構成要素をみていくことにする。

梅澤正は，企業文化を，①観念文化…企業哲学，経営理念，社是・社訓，会社綱領，②制度文化…伝統，慣習・慣行，儀礼・儀式，タブー，規則，③行動文化…社員に共有された思考・行為の様式，社風，風土，④視聴覚文化…マーク，シンボル・カラー，社旗，社歌，社章，ユニフォーム，ロゴタイプ，シンボルとなる建物，というように4つの文化概念に分け，それぞれに該当する構成要素（上のカッコ内に示したもの）を示している[4]。

河野豊弘とクレグ（Clegg, S. R.）は，「企業に参加する人々に共有されている価値観と，共通の（基本的仮定を含む）考え方，意思決定の仕方，および，目に見える行動パターンの総和」と定義し，構成要素としては，①共有された価値観，②意思決定パターン（情報収集，アイデア，評価，協力），③行動パターン（実行，組織に対する忠誠心）の3つを構成要素としてあげている[5]。

その他，数多くの研究者による研究を踏まえて，本書では，企業文化を「企業内部の人々に共有される価値観・意思決定パターンならびに行動パターンであり，企業の性格を表すものである。また，それは組織のリーダーや経営理念に大きく左右されるもの」と定義する。

第2節　企業文化が組織に与える影響

企業文化が組織に与える影響は非常に大きい。

企業文化の主な機能には，次の3つが考えられる。

①迅速な意思決定

戦略，管理，業務といった各意思決定の判断として企業文化が浸透していればその判断基準と成り得る。環境変化が激しい今日において，不確実性・非連続性な出来事に直面した場合，定型業務だけでなく非定型業務も増えてくるし，環境変化の大局を読みながらも迅速な意思決定が必要となる。こうした時に，企業文化は物事を判断する際，不安を低減する機能が働く。

②協調性・求心性

共通の価値観をもつことは組織メンバーの協調性・求心性を高める。企業文化は組織メンバーに対して共通の価値観を与える他に認識・思考のルールや行動規範を生み出す。具体的には，判断基準，コミュニケーション，モチベーションの基盤となるものを提供することになる。

③行動規範の創出

共通の価値観が浸透すれば行動規範が創出される。それは，行動パターンの形成・維持につながる。そうなれば行動はルーティン化されていき，定型業務については意思疎通のうえでメンバーが仕事に専念できるため効率性が高まる。また，組織メンバーの責任の所在も明確化する。

これらの機能をみれば，企業文化は，環境への適応，管理，評価，経営戦略の策定と実行，職場の雰囲気，組織内外のコミュニケーションなど，あらゆる側面で関係する経営資源の1つといっても過言でない。また，価値観は規則，慣例，儀式などといった形で具体的に制度化され，会社のカラー，シンボル，ロゴなどといった形でもあらわされる。

企業文化の機能は，組織への浸透度によっても大きく変わってくる。

ピーターズとウォータマン（Peters, T. J. & Waterman, R. H.）は，長年に渡り，高い業績を上げる優良企業（エクセレント・カンパニー）の共通の特徴を見出した。それは，積極的行動と実験精神を重視する組織の雰囲気，顧客に密着した仕事姿勢，従業員の自律・自主性の重視，人を通じての生産性向上などの価値観が共有されているということである[6)]。

組織メンバーに価値観が共有されている状態（浸透度が高い状態）を「強い企業文化」という。この場合，組織内に経営理念や価値観が共有・保持されるため個々のメンバーの行動への影響力が強い。これとは逆に浸透度が低いものを「弱い企業文化」という。この場合，共有・保持が十分でないため行動への影響力が弱い。つまり，企業文化の強弱は組織内のパフォーマンスに左右する。その結果が，経営業績にも影響するわけである。

ここで注意すべきは「強い企業文化」が必ずしもよいものではないということである。それは自社を取り巻く環境は刻々と変化していることに関係する。組織メンバーに共有された価値観が不変のものになってしまうことで組織行動のマンネリ化につながる。内部指向的，利己主義，リーダー追随などといった企業文化が継承されるような企業文化が強い場合は有効な戦略が立案・実行されないことになる。

今日，環境の変化がめざましく，社会のあらゆる領域でこれまでの原則・原理や手法が効率性を失い始め，通用力もなくなっている。先行研究の共通点として，すぐれた業績を上げている企業には**環境に適応した**強力な企業文化が築かれていることが指摘されている。企業文化は，長い時間をかけて築き上げられたものである。そして，それは組織の内部・外部からの影響を受けながら長い時間をかけて，徐々にではあるが変化していくものである。創業当初の企業文化は活力に満ち溢れていても，次第に官僚化し，澱んだものとなっていくことが多い。そのため，次のようなことを留意する必要がある。

- 比較的業績が安定してくると，業績の維持を図るために内部指向になりがちである。
- 企業規模が大きくなると官僚的になる。それは，コミュニケーションの断絶や従業員の仕事に対するやる気の喪失につながる。
- 環境の変化により，従来の社風が適合しなくなる。

多くの企業は成長し，伝統ある企業になるほど官僚的で停滞した企業文化に移行する傾向にある。このような企業はすぐれた経営戦略の立案・実行が困難になる。よって，時には過去の常識や価値観を棄却し，新たな価値観を創出する必要がある。

第 3 節　企業文化の類型

企業文化の類型には様々な分類があるが，その代表的なものが河野豊弘による分類である[7)]。彼は「共有された価値観」「意思決定パターン（情報収集・アイデア・評価・協力)」「行動パターン（実行・組織と仕事に対する忠誠心)」という3つの要素をもとに，以下の5つに分類した。

Ⅰ．活性化した企業文化
　創造性豊かで革新的な企業文化。
Ⅱ．専制者に追随しつつ活性化した企業文化
　基本的にはリーダーに追随するが，活性はある企業文化。
Ⅲ．官僚的企業文化
　手続きや規制（規律）を重視する企業文化。
Ⅳ．澱んでいる企業文化
　慣習的で創造性や生産性に関心を持たない企業文化。
Ⅴ．専制者に追随しつつ澱んでいる企業文化
　身の安全を図り，新しいことはやらない企業文化。

また，彼は環境適応への柔軟性という観点からいうと大きく次の3つに分類できるとし，時間の経過と企業規模の拡大とともに，一般的には図表8－1に示すように変化するとしている。

①革新的企業文化

上下左右のコミュニケーションがとれてチームワークもよく，アイデア創出の機会が与えられる。リスクへの挑戦，メンバーは革新することに価値観を抱き，メンバー間での競争意識が強い。個性や少数意見が尊重される。短所としては積極的なメンバーとそうでないメンバーとに分かれたり，安定性に欠けたりすることもある。IT，ニュービジネスなどといった環境の変化への迅速な対応が求められる業界の企業に多い。

②官僚的企業文化

安全主義で何事に対しても手続きや規制を重視するため，定型業務に対する行動には正確性・一貫性がある。反面，新しいことに挑戦することを好まない組織であり，アイデア創出されにくい環境におかれる。コミュニケーションはトップダウンが主体である。新しいことに取り組む際は失敗しないことに重きが置かれ，責任の所在は明確である。手続きと規制によって環境変化への対応

が遅れることがある。電力，官庁，銀行などといった環境変化が緩やかだったり，環境変化の影響を受けにくかったりする業界の企業に多い。

③慣習的企業文化

内部指向でコミュニケーションはとれていない。自分の関係する部署のことだけで組織全体を理解できていない。既存の方針に基づいた行動パターンが確立されている。また，内部指向的であるため環境の変化への対応が鈍い。リスクを恐れる傾向にあるため，アイデア創出の機会が十分に与えられていない。

図表8－1　企業文化の変化のトレンド

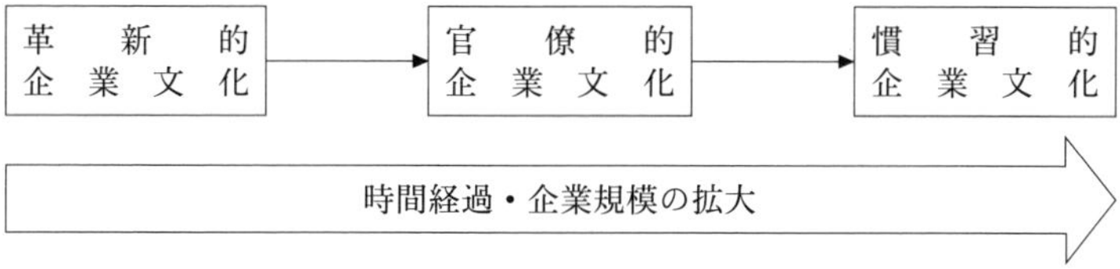

出所：筆者作成[8]。

第4節　企業文化の在り方

企業文化と経営戦略が適合しない場合として，河野豊弘は次のことをあげている[9]。

①企業文化が澱んでいるために，革新的戦略が立てられないという場合。

②企業文化が沈滞していて，戦略が実行されないという場合。

③企業文化が積極的でも，価値の方向が環境や戦略と合わないという場合。

経営戦略と企業文化が不一致な場合，企業の業績は基本的に低迷する。こうした状況に対処するためには企業文化を変えるか，または経営戦略を変えるかのどちらかの方法をとるしかない。組織全体が戦略指向的でないといくら環境分析や自社分析を行ったうえで戦略立案モデルをつくっても中身があるものはできないし，また，実行に移すことはあり得ない。したがって，組織全体を戦略指向にし，内部指向から外部指向に，短期指向から長期指向にするという意識改革をして，企業文化を変えることの方を優先すべきである[10)]。

環境の変化が激しい今日において，現状の企業経営を続けていくことは，企業や組織の様々な面を急速に陳腐化させていくことにつながる。情報や人材にしても企業が気づかないうち，その効能が失われていることもある。事業経営の戦略的展開を考えれば，企業文化を変えることが必要となってくるのである。

それでは，企業文化を変えるためには，どのような方法があるのだろうか。河野とクレグは次のように述べている[11)]。

①トータルシステムモデル

企業文化の規定要因の多数の要因を同時に動かして，組織を活性化するアプローチである。トータルシステムモデルは，正面から行く正攻法である。それは最も効果があがる。経営が危機に陥ったときにとられることが多い。すなわち外部からの圧力がある時にとられやすい。しかし，通常の企業でも長期間をかけて実行することができる。

②少数の戦略の成功による変革

経営戦略は企業文化に影響されるが，その反面，１つ，２つの戦略の成功は組織の活性化するうえに極めて有効である。経営戦略の成功は，一部の人々の新しい行動パターンが成功をもたらすことを一般の人々に教えて学習効果を高める。また資源を豊かにして活性化への機会を増大する。企業文化が沈滞している時に，最初から大規模な戦略計画を立てても内容も充実しないし，また，成功もしない。まず，小さなプロジェクトの計画を立て，その成功による意識改革を行えば，その後は本格的な総合的戦略計画に進むことができる。

③組織や人事制度の変化

企業文化に直接的に影響するものは，組織構造，賞罰や昇進などの人事制度，各種の運動などである。これらの変化は最も統制しやすい。組織構造では分権化や子会社制が，人事制度では公正な人事，成功への報酬，失敗をとがめないなどの制度がよく用いられる。運動ではTQC運動，QCサークル，原価低減運動なども意識改革の効果を持っている。

企業にとって重要なことは，現状の企業文化が経営戦略と適合しているかどうかを常に管理・検討していくことが必要である。経営者が企業文化に高い関心をもつ理由は，「環境に適合した強力な企業文化」を形成することが経済的成果や高い経営業績をもたらすという認識によることからである。よって，企業はこうした管理体制を構築していくことが必要となっていく。

注記

1）梅澤正著『企業文化の革新と創造－会社に知性と心を－』有斐閣選書，1990年，12～13頁。
2）荒川幾男他編『哲学事典』平凡社，1990年。
3）梅澤正著『組織文化 経営文化 企業文化』同文舘出版，2003年，22～24頁。
4）梅澤正，同上書，同文舘出版，2003年，26頁。
5）河野豊弘・クレグ著　吉村典久・北居明・出口将人・松岡久美訳『経営戦略と企業文化 ―企業文化の活性化―』白桃書房，1999年，１頁，25頁。
（Toyohiro Kono，Clegg，S. R. "Transformations of Corporate Culture-Experiences of Japanese Enterprises-"，1999.）
6）Peters, T. J. & Waterman, R. H. *In Search of Excellence*：*Lessons from America's Best-Run Company*, 1982.（大前研一訳，『エクセレント・カンパニー』講談社，1983年。）
7）河野豊弘・クレグ著　吉村典久・北居明・出口将人・松岡久美訳，前掲書，白桃書房，1999年。
8）河野豊弘・クレグ著　吉村典久・北居明・出口将人・松岡久美訳，同上書，白桃書房，1999年の内容から筆者作成。
9）同上書，31～32頁。
10）同上書，31～32頁。ならびに，Ansoff，H. I. "*Corporate Strategy*"，McGraw-Hill, 1965.（広田寿亮訳『企業戦略論』産能大出版部，1969年，１～13頁。）
11）河野豊弘，前掲書，白桃書房，1999年，38～41頁。

参考文献

荒川幾男他編『哲学事典』平凡社，1990年。
梅澤正著『企業文化の革新と創造－会社に知性と心を－』有斐閣選書，1990年。
梅澤正著『組織文化 経営文化 企業文化』同文舘出版，2003年。
河野豊弘・クレグ著　吉村典久・北居明・出口将人・松岡久美訳『経営戦略と企業文化－企業文化の活性化－』白桃書房，1999年。
吉村典久・北居明・出口将人・松岡久美訳『経営戦略と企業文化 ―企業文化の活性化―』白桃書房，1999年。（Toyohiro Kono，Clegg，S. R. "Transformations of

Corporate Culture -Experiences of Japanese Enterprises-", 1999.）

Ansoff, H. I., "*Corporate Strategy*", McGraw-Hill, 1965.（広田寿亮訳『企業戦略論』産能大出版部，1969年。）

Kotter, J. P. and Heskett, J. L. "*CORPORATE CULTURE AND PERFORMANCE*", The Free Press, 1992.（梅津祐良訳，『企業文化が高業績を生む－競争を勝ち抜く先見のリーダーシップ－』ダイヤモンド社，1994年。）

Peters, T. J. & Waterman, R. H. *In Search of Excellence : Lessons from America's Best－Run Company*, 1982.（大前研一訳，『エクセレント・カンパニー』講談社，1983年。）

第9章　リーダーシップ

第1節　リーダーシップの定義と分類

リーダーシップとは，組織の目標を達成に向けて，組織のメンバーをまとめたり，引率したりして，組織の行動やパフォーマンス（業績）に影響を与えることである。（ここで注意すべきことは，リーダーシップを発揮するのは組織のフォーマルなリーダーだけとは限らない。）企業組織が大規模化，複雑化するにつれてリーダーシップの重要性が注目されるようになった。具体的には，リードのあるべき姿，組織の目標や戦略の決定，メンバー間の信頼や協力関係，モチベーション，物事の理解などに大きな影響を与えることになる。

これまで，数多くのリーダーシップ理論が提唱されてきた。本書では，特性理論，行動理論，条件適応理論，コンセプト理論について，それぞれ代表的な理論を取り上げて説明する。

第2節　特性理論（Characteristic theory）

最も初期のリーダーシップ理論で，「リーダーは生まれながらもつ特性（特質）である」という考えを基盤とするものである。孫子の『兵法』（紀元前500年頃）[1]，プラトン（Platon）の『国家論』（紀元前400年頃），マキャベリ（Machiavelli）の『君主論』1532 などの考えがこれに該当する。

この理論の特徴は，「偉大なリーダーには共通する特性（特質）がある」として，身長，外見，性別などから共通要素を見出そうとした。

〈ストッグディル（Stogdill, R.）の特性理論，1930年〉

次の特性とリーダーシップの相関関係を明らかにしようとした。

・能　　力…知能，機敏さ，言語能力，独自性，判断力
・業　　績…学力，知識，運動能力
・責 任 感…頼もしさ，イニシアティブ，忍耐力，攻撃性，自信，優越欲求
・参加態度…活動力，社交的能力，協働性，適応力，ユーモアのセンス，
　　　　　　人とのつきあい
・地　　位…社会的地位・経済的地位，人気

【特性理論の特徴】

・この理論が主流だった時代背景として階層分化の社会がある。
・偉大なリーダーの共通要素を見出そうとした。
・1950年代まではこの考えが主流であった。
・それぞれの特性の定義，測定，因果関係などは結局のところ明確にはされていない。

第3節　行動理論（Behavioral theory）

「リーダーとは育成可能である」という前提でリーダーと，そうでない人を比較し，リーダーとしてあるべき姿を見出そうとするものである。

〈レヴィン（Lewin, K.）のリーダーシップ類型，1939年〉

リーダーシップの類型を専制型・放任型・民主型の3つのタイプに分類した。それぞれの内容と特徴は以下のとおりである。

専制型…強いリーダーシップ。独裁的。作業手順を指示する必要がある。未熟で安定していない組織に適する。

放任型…指示・命令はほとんどしない。リーダーシップは極めて弱い。基本的にメンバーが意思決定を行う。

民主型…組織の賛同を得ながらのリーダーシップ。

結果的として作業の質・作業意欲・有効な行動などで最も有効となる。

〈三隅二不二（みすみじゅうじ）のPM理論，1966年〉

リーダーに必要な要素を次の2つの要素の状況を組み合わせてリーダーを4つのタイプを分類した。

①組織に対しての関心＝Maintenance（集団維持機能）

②業績に対しての関心＝Performance（課題達成機能）

それぞれの機能をアルファベットで表す。達成度が高ければ大文字（P，M）で表し，達成度が低ければ小文字（p，m）で表す（図表9－1参照）。

図表9－1　PM理論

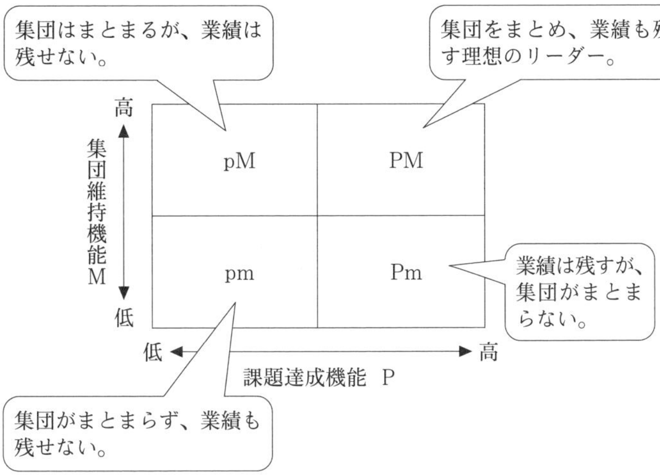

出所：三隅二不二著『新しいリーダーシップ―集団指導の行動科学―』ダイヤモンド社，1966年に筆者一部加筆。

〈ブレイク（Blake, R.R.）とムートン（Mouton, J.S.）のマネジリアル・グリッド, 1964年〉

リーダーに必要な行動を次の2つの要素の状況をそれぞれ9段階の区分に評価したものを組み合わせてリーダーを最終的に5つのタイプに分類した。

①人への関心

②業績への関心

PM理論と似ているが，81個のグリッド（線によって区分されたもの）に細分化したうえで，5つのリーダーの類型に分類していることに特徴がある。（図表9－2参照）

図表9－2　マネジリアル・グリッド

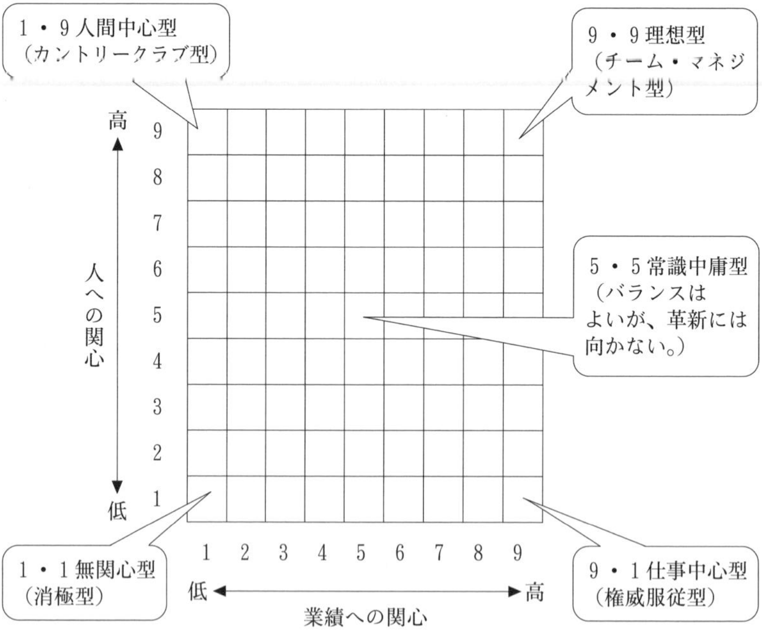

出所：ブレイク（Blake, R. R.）&ムートン（Mouton, J. S.）著　上野一郎 監訳『期待される管理者像』産能大出版，1965年に筆者一部加筆。

【行動理論の特徴】

・この理論に関しても，数多くの研究がなされてきた。1960年代のリーダーシップ論の中心であった。

・どの研究においても，リーダーシップは「課題達成」と「人間関係」の2つの機能（役割）があるという内容が共通して含まれている。

課題達成…組織において何らかの目的・目標が存在する（または必要となる）。それを達成するためには，課題を見つけ出し，解決する仕組みをつくり上げなければならない。

人間関係…組織内部の人間が1つの目標に向かっていくためにはそれに向けて引率する人が必要である。また，協働のためには円満で効果的な人間関係が求められる。

・この理論の活用は，①リーダーの組織特性を分析して，どの類型にあてはまるかを考える。→②好ましい状態にあるかどうかを考える。（改善か維持か。）→③組織の革新，リーダーの意識改革，リーダーの交代などの必要性について考える。

・課題として，指標の数値化（区分）が可能なのか，2つの軸をもとにしてどこに位置づけされるのか，誰が判断するのか，どのようにしたら理想のリーダーになれるのか，などがあげられる。また，望ましいリーダーの育成に向けた組織づくりなどがあげられる。

第4節　条件適応理論（Contingency theory）

「優れたリーダーの行動は，状況によって変わる」という考え方である。

つまり，多様な状況下でリーダーシップが有効であるためには，特定の形式やスタイルではなく，フォロワー（ついていく人たち）の経験や能力や組織を取り巻く環境により適切な対応をすべきであるという考え方。（全ての状況に適応される，唯一絶対のリーダーシップ・スタイルは存在しない。）

〈フィードラー（Fiedler, F.）のコンティンジェンシーモデル（Contingency model），1967年〉

リーダーのタイプについて，まずは，「人間関係志向型」なのか「課題志向型」なのかに分類する。この分類には，組織のメンバーに対するアンケートとインタビュー調査をする[2)]。そのうえで，どちらの型が好ましいかは，「リーダーとメンバー（フォロワー）との関係（コミュニケーションの程度）」「タスクの構造（仕事内容がわかりやすくなっている，仕事そのものの難易度，仕事の役割分担，責任の所在など）」「リーダーの権限（発言権，決定権，行動など）」という3つの条件次第で変わるという理論である。彼は，これらの状況に合わせた組み合わせを例にあげ，その条件に適応したリーダーシップを示した（図表9－3参照）。

図表9－3　コンティンジェンシーモデル

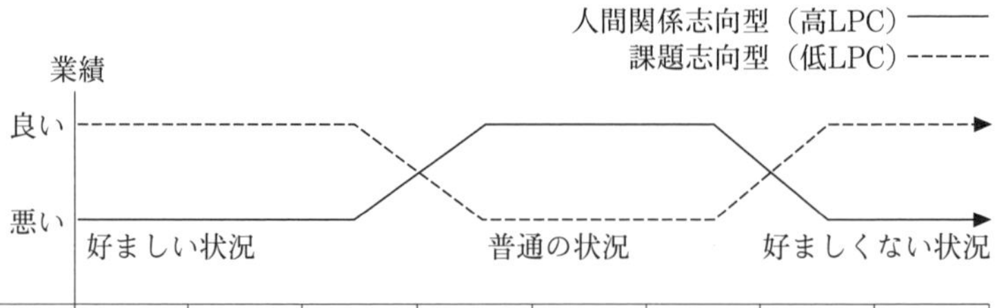

オクタント	I	II	III	IV	V	VI	VII	VIII
リーダーとメンバーの関係	良い	良い	良い	良い	悪い	悪い	悪い	悪い
タスクの構造	構造化されている	構造化されている	構造化されていない	構造化されていない	構造化されている	構造化されている	構造化されていない	構造化されていない
リーダーの権限	強い	弱い	強い	弱い	強い	弱い	強い	弱い

出所：薄上二郎著『テキスト経営学入門－研究方法論から企業のグローバル展開まで－』中央経済社，2007年，128頁の図表を一部筆者改。

〈ハウス（House，R.）のパス・ゴール理論（Path-goal theory of Leadership），1971年〉

リーダーシップの本質は「メンバーが目標（ゴール）を達成するためには，リーダーはどのような道筋（パス）を通ればよいのかを示すことである」という考えにもとづく理論である（図表９－４参照）。

図表９－４　パス・ゴール理論

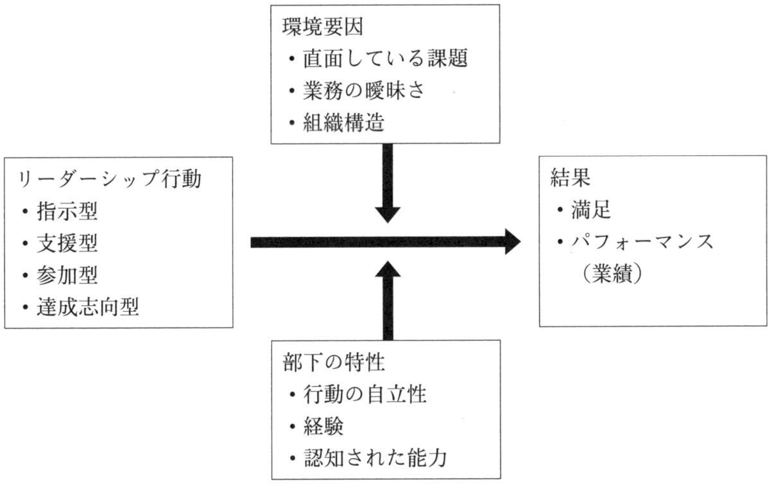

出所：ハウス（House，R.）著　髙木晴夫訳『組織行動のマネジメント』
　　　ダイヤモンド社，2009年，197頁をもとに筆者改。

彼は「メンバーの目標達成を助けることはリーダーの職務であり，目標達成に必要な方向性や支援を与えることはメンバーや組織の全体的な目標にかなう」と解釈した。彼は，リーダーのリーダーシップ・スタイルを指示型・支援型・参加型・達成型の４つに分類した。

①指示型リーダーシップ

課題志向が高く，メンバーに何を期待しているかを明確指示し，仕事のスケジュールを設定，仕事の達成方法を具体的に指示する。

②支援型リーダーシップ

相互信頼をベースに，メンバーのアイディアを尊重し，感情に配慮してニーズに気遣いを示す。

③参加型リーダーシップ

決定を下す前にメンバーに相談し，彼らの提案を活用する。

④達成志向型リーダーシップ

達成困難な目標を設定し，メンバーに全力を尽くすよう求める。

さらに，達成したい目標（ゴール）に向け，リーダーが部下に有効なパス（道筋）を示すときには，２つの条件を念頭に置かなければならないとしている。１つは，組織の「環境要因（直面している課題，権限，組織など）で，もう１つは，部下の個人としての特性（能力，性格，経験など）である。これらの組み合わせにより，その時に有効となるリーダー行動は変わると主張した。そして，次の仮説を導き出した。

- 指示型リーダーシップは，グループ内に相当な対立・葛藤が存在する場合には，メンバーに高い満足度をもたらす。また，仕事の経験が構築されておらず，曖昧でメンバーのストレスが多い時に大きな満足につながる。逆に，高い能力や豊富な経験を持つメンバーに対しては，満足感が得られない。
- 支援型リーダーシップは，メンバーに明確な業務が与えられている時に，高い業績と満足度をもたらす。公式の権限関係が明確かつ官僚的であるほど，リーダーは指示的行動を減らして支援的行動をとる必要がある。
- 参加型リーダーシップは，行動の自立性（ローカス・オブ・コントロール）を意識するメンバーに高い満足をもたらす。
- 達成志向型リーダーシップは，業務構造が曖昧な場合，「努力すれば高い業績に結びつく」という期待をメンバーに与える。

〈ハーシィ（Hersey，P.）とブランチャード（Blanchard，K.H.）の「SL理論（Situational Leadership），1977年〉

フォロワーの成熟度によってリーダーのとるリーダーシップ・スタイルは異なるという理論である。企業全体としての組織ではなく，あくまでも関連グループ内のメンバーの仕事の成熟度よって，リーダーシップ・スタイルは変わる。その関係を示したものが，以下の図である。（図表9－5参照）

図表9－5　ＳＬ理論

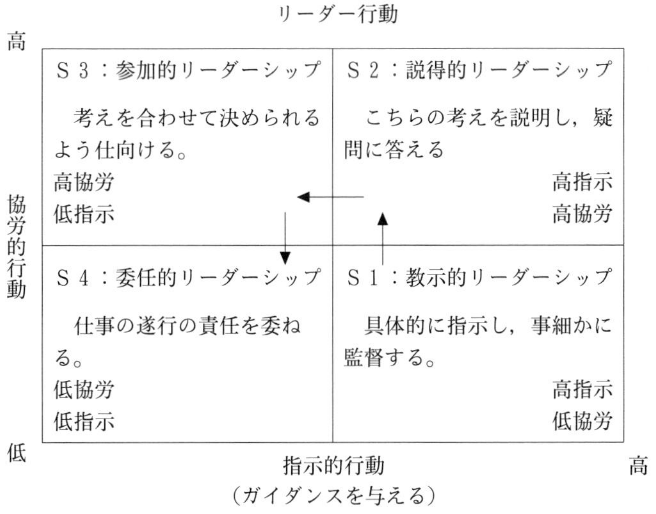

出所：ハーシー（Hersey，P.）・ブランチャード（Blanchard，K.H.）・ジョンソン（Jonson，D.E.）著　山本成二・山本あずさ訳『行動科学の展開―人定資源の活用―』生産性出版，1978年，197頁。

Ｓ１：教示的リーダーシップ

指示・命令・情報の伝達系統はトップダウン型で，新人など部下（フォロワー）の成熟度が低い場合に適切である。

Ｓ２：説得的リーダーシップ

部下（フォロワー）が定型的業務や日常業務レベルでの成熟度を高めてきた

場合などに適切である。

Ｓ３：参加的リーダーシップ

部下（フォロワー）の成熟度が高く，非定型の業務などもある程度対応できる状態で適切である。

Ｓ４：委任的リーダーシップ

部下（フォロワー）の習熟度が極めて高く，自立できる状態で適切である。

通常Ｓ１→Ｓ２→Ｓ３→Ｓ４のように移行する。しかし，Ｓ４であっても，緊急時など一時的な対応としてＳ１の対応をとることもあり得る。

【条件適応理論の特徴】

- 実証研究が行われたものもあるが，いずれも厳密な検証とは言い切れない。
- 行動理論を含めて，いくつかの理論を参考に経験と勘という要素も含めて実践する必要がある。

第5節　コンセプト理論（Concept theory）

条件適応理論を継承した理論であるため，「リーダー」と「リーダーを取り巻く環境」との関係性に焦点をおいている。この理論では，さらに（組織だけでなく）企業がおかれるビジネス環境や企業組織全体の状況も想定したものである。

〈ロバート・グリーンリーフ（Greenleaf, R. K.）の「サーバント・リーダーシップ理論（Servant Leadership），1970年〉

まずは，部下（フォロワー）に対して奉仕（支援）することで，働きやすい環境を創り出し，結果として信頼関係の構築や組織全体の主体的な行動に繋げるというリーダーシップ理論である。

〈ダニエル・ゴールマン（Daniel，G.）の「EQリーダーシップ（Emotional Quotient Leadership），1995年〉

EQ（心の知能指数）は，IQ（Intelligence Quotient）と対比した意味で，組織の信頼や結束といった人間関係，職場環境の改善，部下のモチベーションの維持，組織メンバーへの感情の働きかけにより共感を得ることを重視したリーダーシップ理論である。また，自己や相手の感情も理解し，共感を得たうえで組織を強化して目標に向かうというところにも特徴がある。

【コンセプト理論の特徴】

・条件適応理論をもとにして，企業の置かれた状況，メンバー間の信頼関係，メンバーのモチベーションなどといった内容にまで焦点を置いた理論である。

注記

１）孫子は，『兵法』のなかで，「将とは，智（知恵があること），信（人から信頼されること），仁（いたわりの心があること），勇（勇気があること），厳（厳しさがあること）なり」と記した。（グロービス経営大学院『グロービスMBAリーダーシップ』ダイヤモンド社，2014年，11頁。）

２）LPC（Least Preferred Coworker）と呼ばれるもの。様々な質問項目について，好ましく思っていない同僚を思い浮かばせ，その同僚を寛容に評価（受け入れようとしている）しているか，逆に，親しい同僚を思い浮かばせ，その同僚について業績向上のためなら厳しい評価をしているか，というもの。前者は高LPC（人間関係志向型），後者は低LPC（課題志向型）とした。

参考文献

薄上二郎著『テキスト経営学入門－研究方法論から企業のグローバル展開まで－』中央経済社，2007年。
上林憲雄編著『人的資源管理』中央経済社，2016年。
グロービス経営大学院『グロービスMBAリーダーシップ』ダイヤモンド社，2014年。
ハーシー（Hersey，P.）・ブランチャード（Blanchard，K. H.）・ジョンソン（Jonson，D. E.）著　山本成二・山本あずさ訳『行動科学の展開―人定資源の活用―』生産性出版，1978年。
ハウス（House，R.）著　髙木晴夫訳『組織行動のマネジメント』ダイヤモンド社，2009年。

ブレイク（Blake，R. R.）&ムートン（Mouton，J. S.）著　上野一郎 監訳『期待される管理者像』産能大出版，1965年。
三隅二不二著『新しいリーダーシップ―集団指導の行動科学―』ダイヤモンド社，1966年。

第10章　生産管理

第１節　生産管理とは

日本の産業製品に関する規格や測定法を定めた国家規格である日本産業規格（JIS：Japanese Industrial Standards）では生産管理の定義を「財・サービスの生産に関する管理活動」とし，更に備考において，「具体的には，所定の品質Q（quality）・原価C（cost）・数量及び納期D（delivery, due date）で生産するため，又はQ・C・Dに関する最適化を図るため，人，物，金，情報を駆使して，需要予測，生産計画，生産実施，生産統制を行う手続き及びその活動」と定めている。

生産管理を実施するためには，まずは生産形態を明らかにした上で，Q・C・Dを管理することとなる。Q・C・Dの管理はそれぞれ品質管理，原価管理，工程管理と呼ばれ，これが生産管理の基本機能となっている。また，これらの管理活動を遂行する上で，特に重要となるのは計画と統制であり，需要予測にもとづいて策定した計画が，生産の実施中及び実施後を通して予定通り実行されているか統制していくこととなる。ただし，実際の生産現場においては，必ずしも当初の計画通りに実行できるとは限らない。そこで，計画と統制を繰り返すことにより，常に改善を図ることが求められる。

第2節　生産形態の分類

製造業における生産形態は，①注文の時期，②生産数量と品種，③仕事の流し方等によって分類することができる。①注文の時期で分類した場合，顧客からの注文を受けて生産を開始する受注生産，顧客からの注文を見込んで生産を開始する見込生産に分けられる。②生産数量と品種で分類した場合，多くの種類の製品を少量ずつ生産する多品種少量生産，少ない品種の製品を多く生産する少品種多量生産，そして，生産数量と品種のどちらもその中間となる中品種中量生産に分けられる。③仕事の流し方をもとに分類すると，継続的に同じ仕事を繰り返して同一製品を生産する連続生産，数種類の製品を一定量生産するロット生産，同一製品を1回だけ生産する個別生産に分類できる。

このうち③仕事の流し方にもとづく生産形態について要点を確認しておく。連続生産では，製品単位で専用の設備や従業員の配置をライン化し，ベルトコンベア等によって前の工程から流れてくる半製品を完成品に近づける。特別な技能を要しない単能工による作業においても，品質を一定に保ったままでの作業が可能となる。ただし，ある程度の生産数量を確保できれば1個当たりの製品単価は安くなるが，専用の設備を導入するための初期投資が必要となるため，製造ラインを設置するための採算ラインが高止まりする懸念がある。また，生産ラインの一部にトラブル等が発生すれば，後の工程にも連鎖的に影響を与えてしまう。

ロット生産では，専用ラインを設置するほどにはニーズが多くない製品をロット単位でまとめて生産し，複数の品目を一定数生産する。適正なロットサイズを決定することができれば，過剰在庫を防止し設備稼働率の向上を図ることができる。ただし，ロットサイズを大きくし過ぎれば余剰在庫が発生し，小さくし過ぎれば段取り替えが頻発することによる設備稼働率の低下が懸念される。

個別生産では，企業が顧客からの注文を受け，汎用設備等を利用して生産を行う。完成品の在庫が発生せず，製品に顧客からの要望を反映させやすい等のメリットがある。一方で，製品一つ一つの仕様が異なるため，都度の仕入れとなる他，熟練技能が必要である場合や生産途中での仕様変更となる場合はその分だけ製造コストも高くなる。

以上を整理したものが図表10－1である。

図表10－1　生産形態の分類

①注文の時期	②生産数量と品種	③仕事の流し方
受注生産	多品種少量	個別生産
	中品種中量	ロット生産
見込生産	少品種多量	連続生産

出所：片岡信之編著『要説　経営学』文眞堂，1994年，133頁（第10章執筆，油井浩作成）をもとに筆者改。
注：表中の実線矢印は，主に採用される生産形態を示す。

第3節　納期と工程管理

取引においては通常，顧客との間に，どのような品を，いつまでに，どのくらい納入するのかという取り決めがなされる。倉持茂によれば，「工程管理は工場における生産活動を対象にして，主として納期および数量の面から統制することで，その目的は納期を守ること」[1)]としている。工程管理は，需要予測にもとづき，生産計画と生産統制の2つから成り立つ。生産計画は，生産する製品の生産量や生産時期を計画する機能であり，生産統制は，生産計画を実行に移すための機能である。

(1) 需要予測

生産計画を立案するにあたって，どのような製品をいくつ製造するべきなのかを決定していく。そのためには，消費者や取引先の動向，競合製品の有無，経済情勢等の情報にもとづき需要予測を行う必要がある。需要予測を的確に行うことができれば，発注や在庫の最適化を実現でき，生産性の向上につながる。主な需要予測の手法については，移動平均法，指数平滑法，回帰分析等，様々な手法が使える[2)]。

(2) 生産計画

生産計画は，大日程計画，中日程計画，小日程計画の３段階に分類できる。各生産計画の概要について藤本隆宏は以下のように説明している。大日程計画は，工場全体を対象として，主な製品カテゴリー別に，すべての品種を集計した生産予定量を月単位か週単位で示す。計画の対象となる期間は半年から１年程度を想定しており，需要予測をもとにして，各期の生産量と在庫量を決める。また，全体の所要労働力のレベルも同時に決める。中日程計画は月次生産計画とも呼ばれ，大日程計画を品目別にブレークダウンし，それぞれの品目の数量と生産完了予定時期を１日から１週間程度で特定したものである。計画の対象となる期間は１ヵ月から３ヵ月位を想定している。小日程計画はスケジューリングとも呼ばれ，各作業者・機械単位で，どの工程がどの製品をいつ加工するかを具体的に指定した，詳細かつ生産直前のアウトプット計画である[3)]。

受注生産における小日程計画の立案手法には期間山積計画法と時点計画法がある。期間山積計画法は，ある一定の期間を設け，その期間中に到着，または割り当てられた注文群に対して，加工順序または加工時刻を決定する計画立案手法である[4)]。時点計画法は，注文が確定した時点で，納期等の条件にもとづいて工程に割り付ける計画立案手法である。

(3) 生産統制

藤原篤志によれば，生産統制には着手統制と進行統制の２つの側面があるとしている。着手統制は，作業準備や作業者および機械に対しての作業配分，作業指図書にもとづく作業指示等である。進行統制は，作業の進度を調べ，計画通りに作業が進んでいるか管理するものである。計画の遅れに対して，原因を解明して対策を講じ，計画に近づけるよう調整することを目的としている。進度の管理には，①ガント・チャート，②斜線式進度表（製造三角図），③流動数曲線等が用いられる[5)]。

①ガント・チャート：アメリカの機械工学者・経営コンサルタントのガント（Gantt, H. L. 1861-1919）によって考案された工程管理表。一般的には，縦軸に作業内容，担当者，開始及び終了日時等を記入し，横軸に時間経過を記載する。

②斜線式進度表（製造三角図）：毎日の予定と実績の数量の遅れを把握することができる図。一般的には，縦軸に生産量，横軸に時間経過をとった図に累積の予定生産量の直線を引き，累積の実績生産量との差により，計画と実績の差を把握する。

③流動数曲線：流入数量と流出数量の関係を表した図。一般的には，縦軸に材料・製品の累積数量，横軸に時間経過をとり，材料の投入数量と製品の完成数量からなる2本の線の差から，製造リードタイムや仕掛品在庫量を把握する。

第4節　品質管理

日本における「品質管理」の歴史は，第二次世界大戦後の1950年にデミング（Deming, W. E. 1900-1993）が来日して統計的品質管理（Statistical Quality Control：SQC）の手法を指導したことにより，製造業を中心に急速に広まった。現在も続く，品質管理の貢献者や高実績企業に与えられる「デミング賞」が始まったのも1951年からである。その後，1960年代にかけて多くの日本企業において「QCサークル（品質管理のための現場小集団）活動」が行われている。これらの動きは，さらに発展をみせ，製造・開発・マーケティング等全社的に巻き込んだ総合品質管理（Total Quality Control：TQC）となった。その後，TQCにおける反省をいかし，より経営トップ層の関与や戦略ビジョンとの連動を目指した総合品質経営（Total Quality Management：TQM）へと進化をみせている。近年は第三者機関による品質保証に関する国際的な認証制度であるISO 9000シリーズが定着しつつある。

(1) QC 7 つ道具

品質管理活動の中で，統計的方法を用いてデータの収集や解析を行い，基準や標準を決定していく活動を統計的品質管理（SQC）という。SQCを実施していく上で，具体的に使用されるツールがQC 7 つ道具である。QC 7 つ道具には，①特性要因図，②チェックシート，③層別，④ヒストグラム，⑤パレート図，⑥散布図，⑦管理図がある。

①特性要因図：別名Fishbone diagram（魚の骨）とも呼ばれ，ある結果をもたらす原因群を階層的に整理した樹形図。

②チェックシート：確認したい項目をあらかじめシート化したもの。現場での素早いデータ収集や点検に利用する。

③層別：収集したデータを，何らかの基準でいくつかのグループに分類することで問題の所在を明らかにする手法。

④ヒストグラム（度数分布表）：データの分布を視覚的に表した棒グラフ。品質のばらつき等を直感的に把握することができる。

⑤パレート図：問題の原因等を分類項目ごとに集計し，件数・頻度の多い順に棒グラフで示し，同時に，その累積件数と頻度を折れ線グラフで表示したもの。頻度の高い重点管理項目を視覚的に発見することができる。

⑥散布図：２軸の平面にデータをプロットすることで，２つの変数の間の相関関係を視覚的に示す。プロットしたデータが直線に近い形をするほど関係性が強いといえ，右上がりであれば正の相関，右下がりであれば負の相関を示す。

⑦管理図：サンプル抽出した品質特性値のデータに関して，ばらつきを時間軸に沿って示した折れ線グラフ。データが管理限界値内に収まっているかをチェックすることにより，偶然の変動と処置の必要な変動を見分け，後者については重点的に対処する。

(2) 新QC 7 つ道具

QC 7 つ道具が主に数値等の定量的なデータを扱うのに対し，主に数値化できないデータを扱う新QC 7 つ道具というツールも考案されている。これらは，問題の発見・構造化といった定性的なデータの整理手法となる。新QC 7 つ道具には，①連関図法，②系統図法，③マトリックス図法，④マトリックスデータ解析法，⑤PDPC法，⑥アロー・ダイヤグラム，⑦親和図法がある。

①連関図法：原因と結果，目的と手段等の関係を論理的につないでいくことによって問題を整理する。複雑に絡み合う問題から重要な要因を見つけ出す。

②系統図法：目的と手段を系統づけて整理する。課題解決手段の方策を検討する場合，構成要素の関連性や漏れを確認する場合に使用する。

③マトリックス図法：行に属する要素と列に属する要素によって構成された 2 次元表（マトリックス図）において，各要素の交わる点に着目して問題解決を図る。

④マトリックスデータ解析法：2 つ以上のデータを数値化し，主成分分析を行う。新QC 7 つ道具では，唯一数値データを扱う。

⑤PDPC（Process Decision Program Chart）法：目標達成までに発生する可能性がある事象を予測し，代替案を図示する。

⑥アロー・ダイヤグラム：各工程間の作業が関係し合っている際に，日程等を管理し，順序関係を明確化することで調整を可能にする。

⑦親和図法：問題の関連（親和）性の高いグループに分け，その相互関係を結ぶことで体系化する。考案した川喜多二郎の名からKJ法とも呼ばれる。

(3) 総合品質管理（TQC）から総合品質経営（TQM）へ

総合品質管理（TQC）は，もともとアメリカのファイゲンバウム（Feigenbaum, A. V. 1920-2014）が1956年に提唱したものであるが，その後，日本の製造業の間で独自の発達を見せてきた。日本的なTQCの特徴は，品質管理部署のみならず，全階層の社員および全部門の参加を指向する「全社的活動」であること，および，現状維持的管理よりは，むしろ「継続的改善」のプロセスを重視することである[6)]。一方，1990年代に入ると全員参加のスローガンの意義や顧客の視点の欠如等の課題が指摘されるようになり，経営陣がトップダウンの形で品質管理を行う総合品質経営（TQM）への置き換わりが進んでいった。TQMの特徴としては，TQCにおける「(供給者が考える）品質の高い製品が良い製品」という考え方から「(消費者が考える）品質の高い製品が良い製品」という考え方へ変化させ[7]，顧客満足にとどまらず，ステークホルダーの満足をも含む「経営の質」の向上や経営トップによる直接的な関与および戦略ビジョンとの連動を掲げている点にある。

(4) ISO9000シリーズ

ISOとは，国際標準化機構（International Organization for Standardization）のことで，電気分野を除くあらゆる分野の標準化を推進する非政府組織である。ISO9000シリーズは，ISOが定めた品質マネジメントシステムについての規格の総称となる。甲斐章人によれば，欧州やアメリカを中心に進められたISO 9000シリーズに対して，当初，日本はTQC等の独自の取組に自信を持っていたため関心が低かった。しかし，EU統合による取引への影響等を考慮し，1991年にISO9000シリーズを日本の国家規格であるJISに取り入れることにより，ISOとの整合を図った。1993年以降は，日本国内における審査体制の整備も相まって認証取得企業が飛躍的に増加した[8]。

第5節　原価管理

製品のコストを管理する活動を原価管理という。原価管理における代表的な管理手法は標準原価計算である。標準原価計算では，科学的・統計的な分析にもとづいて算定した原価（標準原価）と製造現場において実際にかかった原価（実際原価）を比較して差異分析を行う。標準原価を計算する場合，原価を構成する材料費，労務費，経費について，それぞれ直接費と間接費に区分して算出を行う。標準原価計算は，自社の原価管理や利益管理のみならず，外部に対して報告するための財務諸表の作成にも役立っている。

(1) ABC，スループット会計，原価企画

標準原価による原価管理手法は，製造業を中心に定着しているものの，藤本隆宏によれば，1980年代以降，特にアメリカにおいてこれを疑問視する流れがみられるようになった。この流れは大きく分けると3つあり，①ABC（Activity Based Costing：活動基準原価計算）にみられるような，間接費を含めた製品別の原価計算の精度を高めようという方向，②スループット会計にみられるような，間接費の配賦という考え方そのものを否定する方向，③原価企画にみられるような，管理・改善のツールとしての標準原価という考え方そのものを否定する方向である[9]。

①ABC（活動基準原価計算）：アメリカのキャプラン（Kaplan, R. S. 1940-）が提唱した。大量生産から多品種少量生産へと製造現場の実態が変わったにも関わらず，標準原価計算において製造間接費のコストが過小評価されている点等を指摘し，実態にもとづく活動基準によって製造間接費を配賦することで，より正確な原価計算を目指す。

②スループット会計：売上から（売上に係わる）直接材料費を差し引いた金額をスループットとし，スループットと在庫，業務費用の3つの要素に単純化して原価管理を行う。

③原価企画（目標原価）：標準原価は財務会計のシステムと割り切り，原価そのものの企画・改善・管理活動は標準原価の枠外で行う。具体的には，市場が許容するとみられる目標価格から目標原価を設定し，価値工学（Value Engineering：VE）等を用いてその実現を図る[10]。

(2) VAとVE

生産性の向上を測定する基準としての価値は，コスト（原価）と実現機能（含む性能）の比として捉えることができ，その代表的なものが価値分析（Value Analysis：VA）や価値工学（Value Engineering：VE）の活動である。山田基成によれば，日本では，VAを生産物やサービスの機能あるいは品質を維持しつつ，コストを低下する原価低減活動，VEはコストを意識しながらも，製造

業のみならず設計や研究開発，さらには物流部門や取引先までを含めて機能の改善や向上を実現する活動に分ける場合があるとしており，VA，VEの両者とも最小のコストで最大の機能を実現することに活動の力点を置くものと説明している[11]。

価値（Value）＝ 機能（Function）／コスト（Cost）

第6節　生産システムの歴史的展開

時代の流れと共に，製品は様々な変化を遂げてきた。製品の変化に伴い，その生産方法についても日々，進化・発展をみせている。本節では，各時代に大きな影響を与えてきた代表的な生産システムについてみていく。尚，生産システムについて油井浩は「製品の製造およびサービスの機能を目的として諸資源を組合せ配置したもの」[12] としている。代表的なものとして，テイラー・システム（Taylor System），フォード・システム（Ford System），トヨタ生産方式（Toyota Production System）の3つを取り上げる。

(1) テイラー・システム

テイラー・システムは，アメリカのテイラー（Taylor, F. W. 1856-1915）によって確立された現場の作業者管理を効率的に行うための生産システムであり，科学的管理法とも呼ばれている。テイラーが実際に工場の現場で働いていた当時は，労働者と使用者の間において，激しい賃金闘争が行われており，その結果として，労働者による組織的怠業が頻発する時代であった。そのため，テイラーは労働者，使用者ともに満足し得る制度としてテイラー・システムを提唱した。テイラー・システムは生産管理論の歴史に大きな影響を与えた一方，当時の労働組合等からは「労働強化」であるとの批判も受けている。

ここでは，テイラー・システムにおける主要原理のうち3つを紹介する。

①差別的出来高制度：労働者の作業の達成状況に応じて高い賃金を支払い，未

達成者との賃金を差別する。
②作業の標準化：作業に要する時間をストップウォッチで測定した後，作業を各要素に分解して検討する時間研究の手法にもとづき，作業の標準化を行う。
③職能別職長制度：個々の作業者が，管理機能別に分けた複数の職長の指示に従う仕組み。

(2) フォード・システム

フォード・システムは，アメリカのフォード（Ford, H. 1863-1947）によって1903年に設立されたフォード・モーター社において実践された生産システムである。20世紀初頭の自動車の価格は非常に高額であり，一般大衆が手に入れることは難しい状況であった。しかし，ベルトコンベアを採用した大量生産により製造されたＴ型フォードは，従来の自動車と比べ，価格の大幅な低下を実現することにより爆発的に一般大衆に広めることに成功した。しかし，Ｔ型フォードに特化した生産システムは，効率的な生産が可能であるという利点がある反面，迅速なモデルチェンジに対応できないという欠点もあり，1927年には自動車業界トップの座をゼネラルモーターズ社（GM）に奪われることとなった。

フォード・システムの特徴は，高精度の部品を製造できる専用の工作機を導入することで互換性部品の製造が可能となったこと，作業の細分化と標準化を実施したこと，ベルトコンベアを構成要素とする移動組立方式を実現したこと等があげられる。

(3) トヨタ生産方式

トヨタ生産方式は，トヨタ自動車工業（現トヨタ自動車）において豊田喜一郎らが提唱していた考え方を大野耐一らが体系化したものである。トヨタ生産方式においては，付加価値を生まない作業をムダとし，それらを排除するための２つの柱として「ジャスト・イン・タイム」と「自働化」を確立している。現在では，自動車産業にとどまらず，世界中の多くの生産活動においてトヨタ生産方式が取り入れられている。一方で，2011年の東日本大震災の折には，取引先の被災に伴い，自社の生産ラインも影響を受けてしまう等，有事の際にどのように生産ラインを維持するのかという課題も指摘されている。

トヨタ生産方式において排除の対象となっている7つのムダ，およびトヨタ生産方式を支える2つの原理である「ジャスト・イン・タイム」「自働化」について確認しておく。

①7つのムダ：ムダを「付加価値を生み出さずに，原価のみを高める生産の諸要素」とし，代表的な7つの例として，造りすぎのムダ，手持ちのムダ，運搬のムダ，加工そのもののムダ，在庫のムダ，動作のムダ，不良品を造るムダがある[13)]。

②ジャスト・イン・タイム：各工程が必要なものだけを，流れるように停滞なく生産する考え方[14)]。減った分だけ部品を発注する後工程引取方式により，過剰在庫を削減するだけでなく，作業時間の中のムダを顕在化させることを目的とする。

③自働化：「異常が発生したら機械がただちに停止して，不良品を造らない」という考え方[15)]。生産設備の自働化が実現すれば，1人の作業者が複数台の機械を受け持つことも可能となる等，監視作業のムダを排除し，生産性を高めることが可能となる。

注記

1）倉持茂著『工程管理の知識』日本経済新聞社，1982年，10頁。
2）具体的な需要予測の算定手法については，小川英次・岩田憲明著『生産管理入門』同文館出版，1982年，130～145頁を参照されたい。
3）藤本隆宏著『生産マネジメント入門Ⅰ』日本経済新聞社，2001年，177～182頁。
4）松村林太郎著『生産管理』朝倉書店，1976年，169～170頁。
5）百田義治編著『経営学を学ぼう』中央経済社，2013年，第11章で藤原篤志執筆（160～161頁）。
6）石川馨著『日本的品質管理』日科技連，1981年，26頁。
7）新将命著『TQM－[経営品質]の高め方』日本実業出版，1998年，33頁。
8）甲斐章人著『現代の品質管理』泉文堂，1999年，162～163頁。
9）藤本隆宏，前掲書，日本経済新聞社，2001年，112頁。
10）藤本隆宏，同上書，日本経済新聞社，2001年，115頁。

11）山田基成著『モノづくり企業の技術経営－事業システムのイノベーション能力』中央経済社，2010年，272頁。

12）片岡信之編著『要説　経営学』文眞堂，1994年，第10章で油井浩執筆（130頁）。

13）中川清孝・秋岡俊彦「トヨタ生産方式の基本的な考え方」『経営の科学　オペレーションズ・リサーチ1997年２月号』所収，日本オペレーションズ・リサーチ学会，1997年，５頁。

14）トヨタ自動車株式会社公式企業サイト「トヨタ生産方式」（https://global.toyota/jp/company/vision-and-philosophy/production-system/　2022年10月11日取得）。

15）同上。

参考文献

新将命著『TQM－[経営品質]の高め方』日本実業出版，1998年。
石川馨著『日本的品質管理』日科技連，1981年。
小川英次・岩田憲明著『生産管理入門』同文館出版，1982年。
甲斐章人・森部陽一郎著『現代の品質管理』泉文堂，1999年。
片岡信之編著『要説　経営学』文眞堂，1994年。
倉持茂著『工程管理の知識』日本経済新聞社，1982年。
徳丸壮也著『日本的経営の興亡　TQCはわれわれに何をもたらしたのか』ダイヤモンド社，1999年。
トヨタ自動車株式会社公式企業サイト「トヨタ生産方式」(https://global.toyota/jp/company/vision-and-philosophy/production-system/　2022年10月11日取得)。
中川清孝・秋岡俊彦「トヨタ生産方式の基本的な考え方」『経営の科学　オペレーションズ・リサーチ1997年２月号』所収，５～９頁，日本オペレーションズ・リサーチ学会，1997年。
百田義治編著『経営学を学ぼう』中央経済社，2013年。
藤本隆宏著『生産マネジメント入門Ⅰ・Ⅱ』日本経済新聞社，2001年。
前田淳著『生産システムの史的展開と比較研究』慶應義塾大学出版会，2010年。
松村林太郎著『生産管理』朝倉書店，1976年。
山田基成著『モノづくり企業の技術経営－事業システムのイノベーション能力』中央経済社，2010年。

第11章　財務管理

第１節　財務管理とは

(1) 財務管理とは

財務管理という言葉から何をイメージするだろうか。『広辞苑』（第７版）によると，財務管理とは，企業活動を資金の流れにもとづいて把握し，その効果を図るべく計画・統制する総合的管理，とされている。資金とは，まず初めに，営利・経営などの目的に使用される金銭，と書かれている。また，管理とは，財産の保存・利用・改良を計ること，とされる。

つまり，財務管理とは企業の「おカネの動きを管理すること」なのである。

(2) おカネの動きを管理すること

企業の「おカネの動きを管理すること」には，いくつかの重要なポイントがある。

１つ目は，おカネを入手することである。企業活動を行うにはおカネがないと始まらないので，これが1つ目のポイントとなる。この入手を「調達」という。

２つ目は，「運用」である。企業は調達したおカネを何かしらの目的のために使用して企業活動を行う。例えばある企業が，ある商品を売って儲けることを考えた場合，まずその商品を買わなければならない。その商品を購入するためにおカネを使うことを指すのである。

3つ目は，企業として最も重要視される「獲得」である。企業は今持っているおカネを使って，今より大きなおカネを手に入れることを目的とする。おカネを手に入れることを「獲得」という。先ほどの例だと，購入した商品を売っておカネを「獲得」するのである。

4つ目は，獲得したおカネをどのように「配分」するかである。株主への配当をいくらにするか，については投資者（現在および将来も含む）にとって大きな関心ごとである。

(3) PDCAサイクル

では，企業の「おカネの動きを管理すること」について，業務の品質管理に用いられるPDCAサイクルに照らして考えてみよう。

①最初のPはPlan（計画）であり，おカネを「調達」する前の企業の経営活動の目標・ビジョンの設定や経営戦略が該当する。ここでは企業の今までのおカネの動きを分析する必要がある。

②DはDo（実行）である。これは企業の経営活動の中心をなす。企業はおカネを「調達」し，実際に「運用」し，そしておカネを「獲得」するのである。

この企業活動を管理するには，おカネを「調達」する際のリスク管理やおカネの動きを記録することが必要となる。

③CはCheck（確認）で，企業の業績活動を評価する。そしてその業績にもとづいて儲けたおカネ（成果）を株主たちに「配分」する。

④最後のAはAct（改善）である。これは上述①～③を見直し，企業が新たな一歩を踏み出すための目標を設定する作業である。

企業の「おカネの動きを管理すること」には，おカネの動きの記録をみて，それを分析し，その分析を踏まえて将来像を予測することが重要である。それを担うのが『会計（学)』と呼ばれるものである。

第２節 『会計』とは

(1) 会計の分類

企業の会計は，主として財務会計と管理会計に区分される。

財務会計は企業の外部に対し公表することを目的とするものである。企業のおカネの動きを数値化して記録し，これを一覧表などにまとめて報告するのである。企業の外部の人々は，これらの報告をもとにその企業のおカネの動きを分析するのに役立てる。ここでおカネの動きとは，企業におカネが入る動き（収入）と企業からおカネが出ていく動き（支出）というおカネの流れをいう。会計ではこれをキャッシュ・フローともいう。

これに対し，企業内部の経営者ないし管理者に提供することを目的とするのが管理会計である。企業の内部活動を評価・統制し，将来像を予測するために必要とされる。

以下，『会計』におけるおカネの動きについて財務会計の概要を見ていこう。

(2)「儲け」とキャッシュ・フロー

企業の形態は様々あるがそれを一般化して捉えると，企業の目的ズバリ「儲けること」である。では企業が儲けているかどうかは，どうやって分かるのだろうか。それについての答えは，企業の決算書を理解することにある。

本節のテーマは，企業の「儲け」を理解するために会計学の考え方を通じて決算書について学ぶこと，および企業の「儲け」とキャッシュ・フローの関係についてのイメージを構築することにある。

(3) 儲けとは何か

儲けるとはどういうことなのか。儲けは，会計学的視点において，利益という。では，利益はどうやって生み出されるのか。それは資本を元手（これを元にしてという意味）に企業活動を行って利益を生み出すのである。つまり，企業がおカネを生み出すために経済活動を行った結果，生み出されたものが利益である。そのため企業が行う経済活動とは，今持っているおカネを使って新たなおカネを生み出す可能性のあるモノに変え，それらを運用することによって新たにおカネを生み出す活動であるといえる。つまり，企業が行う経済活動とはおカネを運用して新たなおカネを生み出すという流れにおいて，キャッシュ・フロー活動なのである。

企業が行うキャッシュ・フロー活動は，以下の通り行われる。

① おカネ → モノ → ②おカネ[1)]

①<②

つまり，②−①＝利益

(4) 決算書とは何か

会計の一つの目的として「決算書を作成すること」があげられるが，決算書とは，企業の決算時点の状況を表す書類である。決算時点とは，ある一定の期間（これを会計期間といい，その典型が１年間である）の最後の日を指す。決算書を会計用語では，財務諸表という。財務諸表とは，企業の財務状況に関する幾つかの財務表の集まりということである。財務表とは，企業の財務状況，言うなれば企業のキャッシュをどのように管理にしているかを示す表ということである。管理とは，企業のキャッシュに関する活動状況，つまり企業がどのようにキャッシュを集めてきて（調達という），それをどのように使っているのか（運用という）をしっかり記録に残して，それを関心のある人々に伝えるということである。すなわち，財務諸表は，企業のキャッシュ・フロー活動状況を示す幾つかの表なのである。

ここで財務諸表のイメージをつかみ易くするために，会計のお約束について触れる。そのお約束とは，「物事を2面で捉える」ということである。もう一つは，「左側の（合計）金額＝右側の（合計）金額」ということである。

例えば，

（左側）キャッシュが増えた　＝

（右側）どういう理由でキャッシュが増えたのか

（左側）どのようにキャッシュを運用しているのか　＝

（右側）キャッシュが減った

といった具合である。

つまり一方でキャッシュの増減が示されるのに対して他方でキャッシュの増減に関する原因が示されるのである。この作業を仕訳（しわけ）という。企業の出来事すべては，仕訳というフィルターを通じて2面のキャッシュ・フロー活動に分けられるのである。企業の出来事を仕訳で示した後にこれを表としてまとめたものが財務諸表ということになる。そのイメージ図表は，以下の通りである。

図表11－1　財務諸表のイメージ

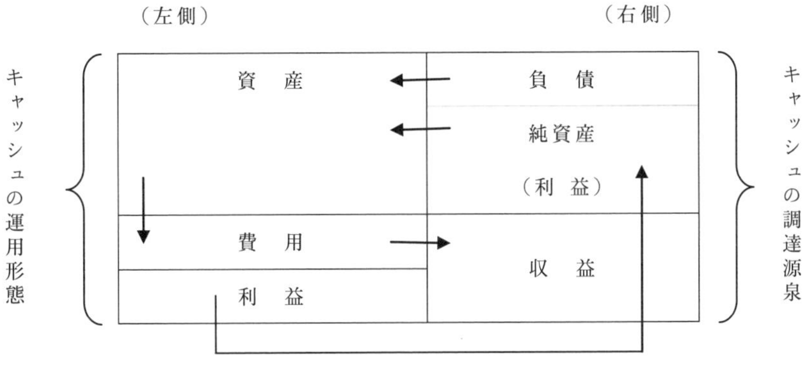

出所：筆者作成。
注：←はキャッシュの動きを示す。

財務諸表はキャッシュの使い方の性質上，資産，負債，純資産，収益，および費用の５つのグループに分けて構成される（当期純利益は１つの項目であり，グループではない）。しかし，キャッシュ・フローの観点からは，キャッシュをどのように調達してきたのか（調達源泉）とキャッシュをどのように運用しているのか（運用形態）の2面の動きで捉えるのである。

(5) 企業のキャッシュ・フロー活動

この企業が行うキャッシュ・フロー活動を簡単な例題を通して見ていこう。

【例題】

① 社長（株主）が出資金100を元手に事業をスタートさせた。

② 銀行より現金100を借り入れた。

③ 商品を売りに行くために必要な自動車50を購入し，代金は現金で支払った。

④ 商品150を購入し，代金のうち100は現金で支払い，50は後払いとした。

⑤ 商品150を300で売り上げ，代金のうち半分は現金で受け取り，残額は後で受け取ることとした。

⑥ 決算となり，当期純利益を確認する。

解説

①の場合，企業は社長からキャッシュをもらったことになるので，まず現金100が増える。このキャッシュは，企業にとってこれから企業を運営していく際の元手となるものなので，資本金を100増やす。

②の場合，現金が100増える。と同時に借金も増えるので借入金100が増える。

③の場合，自動車50が増え，現金50が減る。

④の場合，商品150が増えると同時に，現金100が減り，後で支払わなければならない借金（買掛金）50が増える。

⑤の場合，商品150を300で売り，代金のうち半分を現金で手にするので，現金150が増え，後でキャッシュをもらえるもの（売掛金）150が増える。同時に商品を売ることで稼いだ売上300が発生する。また商品150を売ることで手許から無くなるので，商品150が減るが，これは売上を稼ぎ出すために必要不可欠な売上原価を意味するものなので，それが150発生する。

⑥の利益の計算は，2種類の計算方法によって求められる。

一つが損益計算書を通じて求める方法で，もう一つが貸借対照表を通じて求める方法である。それぞれの計算方法は，後述することとする。

この結果①の取引によって始まった企業活動は，決算後の⑥の段階では次の財務諸表の通りとなる。

図表11－2　例題

①の段階　（左側）（右側）（単位：円）

資産		負債	
現金	100		0
		純資産	
		資本金	100
	100		100

⑥の段階　（左側）（右側）（単位：円）

資産		負債	
現金	200	買掛金	50
売掛金	150	借入金	100
自動車	50	**純資産**	
		資本金	100
		当期純利益	150
費用		**収益**	
売上原価	150	売上	300
当期純利益	150		
	700		700

出所：筆者作成。

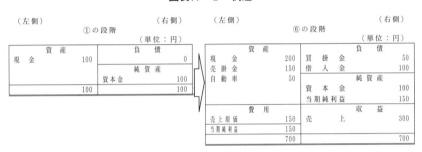

このようにキャッシュは，新たなキャッシュを生み出すために企業の中を絶えず巡っているのである。このキャッシュの流れ（フロー）が滞り，いろいろな支払いが出来なくなると，企業は倒産する。そのため，キャッシュは「企業の血液」であるといわれる。

また，上述の例題からも分かる通り，キャッシュ・フローという表現には現在の現金の流入出のみならず，将来の現金の流入出も含んでいる。

(6) 利益の計算方法

会計の最も重要な役割の一つに利益計算がある。すなわち，企業がいくら儲けているかを計算することが会計の重要な役割である。しかも利益計算を重要視するあまり，利益の正確性を検証するために2種類の財務表を利益計算に使うのである。その2種類の財務表は，損益計算書，貸借対照表というが，これらは最も重要な財務諸表ということで，基本財務諸表と呼ばれている。

①損益計算書

損益計算書による利益計算は，次の通りである。

収益－費用＝当期純利益

これを前述例題の⑥の段階の図で確認すると，売上は収益のグループにあり，売上原価は費用のグループにあるのが分かる。それを算式に当てはめて計算すると，

売上 300 － 売上原価 150 ＝ 当期純利益 150
（収益）　　（費用）

となる。

収益のグループにある売上は，商品をいくらで売ったのかが示されている。すなわち，売上は商品をいくらで売って稼いだのか，が示されている。

費用のグループにある売上原価は，いくらの商品を売ったのかが示されている。すなわち，商品を売って稼ぐためにいくらの商品を消費したのかが示される。つまり，費用というものは，稼ぎを得るために犠牲になったもの，が示されている。

②貸借対照表

貸借対照表による利益計算は，次の通りである。

期末の純資産－期首の純資産＝当期純利益
↑　　　　↑
ある期間の取引後　ある期間の取引始め

これを前述の例題で確認しよう。

前述例題の図①の段階における純資産と⑥の段階における純資産の違いをみる。①の段階における純資産の項目は，資本金100だけがあるのに対して，⑥の段

階の純資産には資本金100の他に当期純利益150が示されている。

これを算式に当てはめると，

（資本金 100＋当期純利益150）－ 資本金 100 ＝ 当期純利益 150
（期末の純資産）　　　　（期首の純資産）

となる。

これは，当期純利益150が企業のキャッシュ・フロー活動によって新たに作り出されたもの（すなわち利益）であり，これを元手に加えてさらなるキャッシュを生み出そうと，次の期間に向かうことを意味する。すなわち，当期純利益は企業がキャッシュ・フロー活動によって新たに作り出したものであり，それは返済不要の元手に新たに組み込まれ，さらなるキャッシュを生み出す活動に加わることを意味する。

(7) 財務諸表分析[2)]

企業の経営活動に関するおカネの側面についての活動成果は財務諸表に示される。その財務諸表を用いて分析を行うのが財務諸表分析である。

財務諸表分析で基本的なものが①安全性分析と②収益性分析である。

①安全性分析

安全性分析は，企業が倒産せずに存続できるかどうかを分析する。短期的な安全性分析と長期的な安全性分析に大別される。安全性分析には主として貸借対照表が用いられる。

②収益性分析

収益性分析は，企業の稼ぐ力を分析する。収益性分析では，利益の獲得状況，利益の獲得能力を対象に分析する。これは企業活動で稼いだ売上高に対してどの程度利益を獲得したのか，および企業活動に投下（運用）したおカネに対してどの程度利益を獲得したかを測定するのである。この測定の中心となるのが損益計算書である。

注記

1）本章においては「おカネ」という言葉と「キャッシュ」という言葉は同じような意味合いで用いているが，読者に混乱を招かせないように今後はなるべく「キャッシュ」という言葉に統一することとする。

2）財務諸表分析の具体化について関心のある方は，佐野薫・江利川良枝・髙木直人編著，『アルバイトから学ぶ仕事入門』〈第２版〉，中央経済社，2022年，第10章を参照されたい。

第12章　人的資源管理

第1節　人的資源管理の定義

企業は，ヒト・モノ・カネ・情報といった経営資源を有効配分することでムリ・ムダ・ムラのない経営活動を行い，製品（商品）やサービスを生産・流通・販売している。これらの経営資源のうち，「ヒト」という経営資源は他とは大きく違った特徴がある。それは，一人ひとりの能力が違うこと，育成が必要なこと，気持ちの持ち方や組織構成によってパフォーマンスが変わってくること，などである。本章ではこれらに関係する人的資源管理（Human Resources Management：HRM）について学ぶ。人的資源管理とは何だろうか。それは，経営資源のヒトに着目し，企業の目的や目標の達成に向けてヒトを管理（マネジメント）することである。

第2節　人的資源管理の制度

第二次大戦後，終身雇用制度，年功序列型賃金制度，企業別労働組合といった日本的経営が確立した。日本的経営については一長一短あり[1)]，これまで数え切れないほど議論がなされてきた。その後，1995年日経連は経営改革ビジョン「新時代の日本的経営」を発表した。これは「人間中心の経営」「長期的視点に立った経営」といった従来の日本的経営の長所を残しつつ，同時に短所である無駄な部分を徹底的にそぎ落とそうという考えから作られたビジョンである。その内容は，次の 3 種類の雇用形態を組み合わせたポートフォリオ概念の提唱であった。

①長期蓄積能力活用型グループ

特徴：基本的に正社員として雇用する。

時間をかけて能力を育成する。

終身雇用，年功序列型賃金制度を導入している企業が多い。

②高度専門能力活用型グループ

特徴：ある段階で能力を見極めて雇用形態を決定する。

企画，研究開発などの部門にみられる。

③雇用柔軟型グループ

特徴：非正規（パート・アルバイト，派遣社員など）として雇用する。

ここで，人的資源管理の基本となる人材リソースフローを図表12―1に示す。人材リソースフローとは，「採用（入社）から異動，代謝（退職）までの企業における人材の流れ」である[2)]。これには，人事評価，人材開発，等級，報酬が密接に関係する。人材リソースフローは，人員計画を立てることから始まる。全社戦略，事業戦略の前提となる売上目標を達成するために，人員（数），能力，年齢を考慮して必要なだけの採用を考える。しかし，実際は思いのままの人員が確保できるとは限らない。その場合は，人員の需要と供給が釣り合わない。こうした時，採用の促進，既存の人材の育成，仕事量の調整，退職の促進などが行われる。

重要なことは，まず，必要な人員（数）の判断や採用に至っては，政治・経済，国際関係，人口，年齢構成，競合他社の動向などの環境変化（企業外部の環境），自社の経営戦略，組織構造，などの適応を考慮するが，環境変化については自社ではコントロールできないという問題がある。また，人事評価と報酬の関係は連動性があり，これによっても人員をどれだけ雇えるかが変動する。さらには，人材開発の設計（仕組み）や手法が関わってくる。

図表12－１　人材リソースフロー

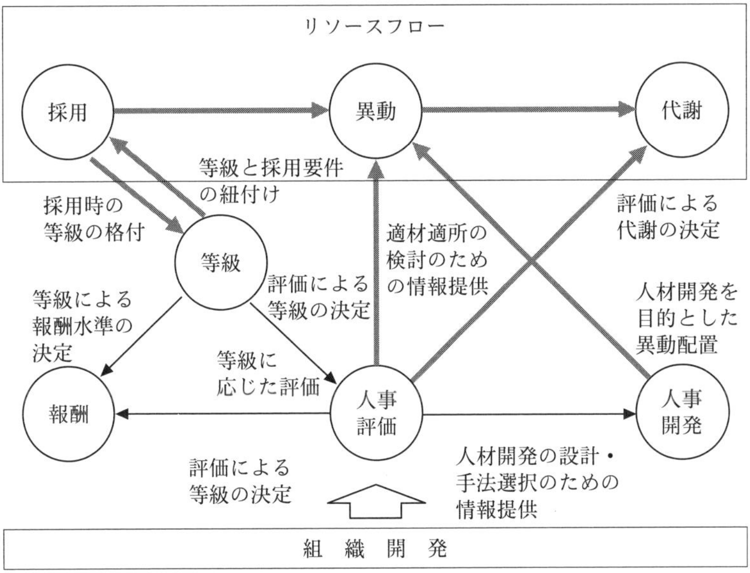

注：太線矢印はリソースフローに与える内容。
出所：坪谷邦生著『図解人材マネジメント入門』ディスカヴァー・トゥエンティワン，2020年[3]。

以下，日本における人的資源管理に関する様々な制度をみていく。

(1) 雇用形態の種類と採用

前述の経営改革ビジョン「新時代の日本的経営」によって，雇用形態には図表12－２に示すような種類がある。従来は，従業員のほとんどを正社員が占めていたが，今日では様々な雇用形態がある。それは，国内市場の競争激化，発展途上国の経済発展や海外企業の進出の影響，需要の低迷などといった状況が関係する。その結果，生き残りのための手段として低価格競争が激しくなり，低価格実現のために人件費を抑えざるを得なくなった。正規雇用者（正社員）と非正規雇用者（契約社員，嘱託社員，パートタイマー，アルバイト，派遣社員など）の待遇の差が出やすい（差をつけている）項目は，賞与（ボーナス），昇進・昇給，福利厚生，退職金である。業種別にみると，製造業や卸売業に比べ，小売・サービス業は非正規雇用者の比率が高い。これは，小売・サービス業の業務には，経験や熟練した技術がなくてもできる仕事が比較的多く含まれることが考えられる。

図表12－2　雇用形態の定義と区分

雇用形態	基本的な定義	一般的な区分	
正社員	雇用契約で期間などの特別の定めがない。	正規雇用	直接雇用
契約社員	期間の定まった雇用契約を結び，職務の内容は契約で定められた仕事の範囲とする。	非正規雇用	直接雇用
嘱託社員	定年退職後に再雇用される社員を指すことが多い。（期間が定まっているという意味で契約社員に含まれる。）	非正規雇用	直接雇用
パートタイマー アルバイト	所定労働時間が，同一の事業所で雇用される通常の労働者より短い。	非正規雇用	直接雇用
派遣社員	派遣会社から派遣され，派遣先で就労する。	非正規雇用	間接雇用

出所：筆者作成。

近年，非正規雇用者の比率が高まるにつれて，企業は採用計画の一環として，インターンシップ制度をとる企業が増えてきている。インターンシップとは，学生が一定期間，企業などの中で研修生として働き，自分の将来に関連のある就業体験を行える制度である。企業がインターンシップを実施する目的は，学生に対して実際の仕事や職場の状況を知り，自己の職業適性や職業生活設計など職業選択について考える機会を与えることである。また，専門知識についての実務能力を高めるとともに，学習意欲に対する刺激を与え，就職活動の方向性と方法について理解する機会を与えることである。インターンシップの種類は，主に次の 3 つに分類できる。

①実践型インターンシップ

専門分野の獲得や実務経験を得ることを目的として，企業などの組織やプロジェクトチームに入り，組織の課題の解決に取り組む実務的な活動をする。

②体験型インターンシップ

社会や仕事について学ぶことを目的として，企業などで業務を体験する。

③採用型インターンシップ

就職活動の採用の一段階として行われる。

採用は，企業の目標を達成するためのマンパワーを適切に充足するため，企業の外部から労働者を調達することである。そのためには，まず，現状の労働サービス量，確保可能な労働サービス量，雇用形態などを考慮して採用計画を立てる。

次に，採用計画にもとづいて採用募集活動をする。募集方法には，ホームページ，求人情報サイト，ハローワーク，チラシ，縁故などがある。応募者を募った後は選考に移る。採用基準として，必要条件を満たしているかどうかの確認，応募者の職場への理解，潜在能力などがある。

(2) 異動

職場間の移動を異動（人事異動）という。異動には，職務は変わることなく勤務地が変わるもの（転勤）と，職務が変わるもの（同一の職場での異動は配置転換ともよばれる）とがある。後者の場合でジョブ・ローテーションという一定期間で従業員を異動させる定期人事異動を採用する企業も多い。この目的は，適性の発見，人的交流の拡張，能力開発，企業活動の全体像の把握などである。

次に，企業内での教育訓練についてみていこう。ここでは正社員に対しての教育訓練を中心に説明する。

日本における教育訓練は諸外国のそれと比較すると多くの時間をかけている。これは，終身雇用制度や年功序列型賃金制度によって長年にわたって従業員が同じ企業で就労することが関係している。時間やお金をかけてでも教育訓練をすることは効果があるといえる。

代表的な教育訓練の形態は，次の3つである。

①OJT（On－the－Job Training）

職場内訓練と訳され，普段の仕事をする中で上司や先輩が必要な知識やスキルを計画的・体系的に部下に育成する。上司が部下に対して個別指導をする場合，部下の理解度（習熟度）に合わせて育成のスピードを調整することが可能である。その一方で，指導内容や指導方法がマニュアル化されていない場合には部下の理解度や進捗状況が統一されない可能性がある。

新入社員研修の場合，OJTを通してさまざまな職務を体験させることによって，平均的に質の高い人材を育成し，社内のコミュニケーションを高める効果も得られる。通常，教育訓練に関する計画書を作成して，教育担当者，対象者，実施期間，実施内容などを決め，定期的に実施する。

②Off－JT（Off－the－Job Training）

職場外研修と呼ばれ，普段の仕事を離れ，OJTでは身につけられない知識や技術について社内の担当部署や外部の研修スタッフが作成したプログラムを受講する。研修対象は，新入社員，中堅社員，管理職などの階層別や，コンプライアンス研修のように全従業員とするものもある。一度に多くの従業員を対象とすることが多い。

③自己啓発

自分が関心を持っていることや，将来役立つと思われる知識や技術を身につけるために自発的に職場外で学習するもの。大学院への進学，専門学校に通って免許や資格の取得を目指すといったことがあげられる。企業によっては，資格取得に向けた講座受講料の金銭的な援助や就業時間の配慮をしている。

(3) 人事評価

この制度は，あらかじめ定めた評価基準をもとに従業員を育成することが前提となる。それは，どのような仕事（ふるまい）をすれば評価されるかを認識させることを意味する。人事評価は，ある一定期間ごとに行う。人事評価の目的は，生産性の向上を図ることで，企業の目標達成につなげることである。従業員の評価では，従業員が持つ能力やスキルはもちろんのこと，会社への貢献度など総合的な内容でなければならない。評価項目は一般的に大きく次の4つで構成される。

①成果評価（業績評価）

売上をはじめとする業績で評価項目の中で最も重視される評価である。個人に与えられた業務の達成度などで評価する。営業職の営業成績のように明確化しやすいものもあるが，研究開発や企画などは個人の成果を判断しにくい。そのような場合は，MBO（目標による管理）[4]と併用することが多い。

②行動評価

コンピテンシー（competency）と呼ばれるもので，日本語に訳すと「力量」「適正」「技量」である。評価項目には，個人の成果に加えて組織の目標達成に向けた価値観，動機，冷静さ，挑戦心などといった数値としては見えないが高い業績をもたらす原動力になる要素についての評価である。

③情意評価

勤務に対する意欲と取組についての評価である。評価項目には，規律性，積極性，責任性，協調性などがある。

④能力評価

①の成果評価は，通常1年間での評価であるのに対して，能力評価は，リーダーシップ能力や取引拡大に向けた基盤づくりなど，長期的視点での業績が期待できる要素についての評価である。評価項目には，指導力，提案力，構想力，実行力，課題解決力，分析力などがある。

(4) 昇進・昇格

昇進とは，係長から課長，課長から部長いうように職位（役職）が上がることを意味する。昇進のためには，ある一定の基準を満たすことを条件とすることが多い。たとえば，勤務年数（現在の職場での勤務年数，前職からの勤務年数の合算など)，現時点の職位の期間，必要となる免許・資格，現職での業績などがあり，その他にも知識テスト，技術テスト，役職者面談などがある。

ここで最も重要となるのは管理職（役職者）の昇進である。管理職は，指示・命令をする立場であり，これまでの地位より上になるということは，より多くの部下に影響を与えるためである。よって，自らの仕事をこなしながらも広い視野を持ち，的確な指示を与えられる人材を昇進させることが重要になる。

昇格とは，職能資格制度を採用している企業において，等級が上がることを意味する。

(5) 賃金

賃金制度には大きく 2 つある。1 つは，欧米の企業が適用しているように，仕事の内容を基準に考えて，どの仕事をしている人はどれだけの金額というものである。もう 1 つは，日本の多くの企業が適用しているように，仕事の経験を積むことによって能力が上がるので給料も上がるというものである。日本の人事制度は人間基準で考えられることが多く，これは「属人給」といわれる。属人給の代表としては，勤続年数・年齢・学歴など個人の属性によって決める「年功給」や，個人の職務遂行能力を見越して支払われる「職能給」がある。今日，日本の主流は「職能給」である。基本的な賃金体系を図表12－ 3 に示しておく。

図表12－３　賃金体系

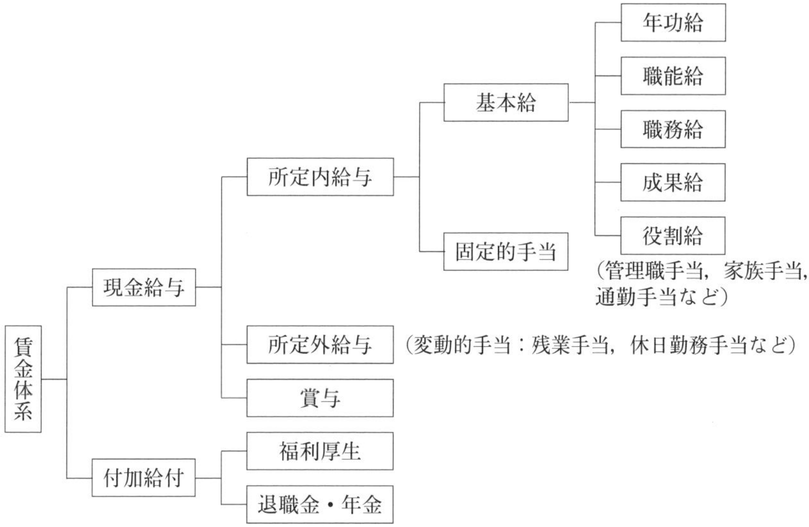

出所：上林憲雄編著『人的資源管理』中央経済社，2016年，200頁（第13章執筆，厨子直之作成）。

注記

1）日本的経営は，労使それぞれの立場でメリット・デメリットがあるが，本書では紙面の関係上説明は省略する。

2）坪谷邦生著『図解人材マネジメント入門』ディスカヴァー・トゥエンティワン，2020年，139頁。

3）坪谷邦生，同上書，139頁。

4）ドラッカー（Drucker, P. F.）が1950年に提唱した。組織の目標を達成するために，自分が貢献できることを考え，従業員自らが目標を決める。正式名称はManagement by Objectives である。

参考文献

薄上二郎著『テキスト経営学入門－研究方法論から企業のグローバル展開まで－』中央経済社，2007年。

上林憲雄編著『人的資源管理』中央経済社，2018年。

佐藤博樹・藤村博之・八代充史著『新しい労務管理』有斐閣アルマ，2019年。

髙木直人編著『経営学へのご招待』五絃舎，2017年。

坪谷邦生著『図解人材マネジメント入門』ディスカヴァー・トゥエンティワン，2020年。
水野清文編著『現代経営学の構図』，2020年。
宮坂純一・水野清文編著『現代経営学』五絃舎，2017年。

第13章　商　業

第１節　商業の誕生

(1) 交換と売買

私たちは，日常的にお店（商業）での買物を通して多様なモノ（財）を手に入れている。では商業が登場する以前の人々は，どのようにして財を手に入れていたのだろうか。最も初期段階の時代における社会では，人々は自然の動植物を採取・狩猟することで生計を立てていた。すなわち，必要なものを自分で生産し消費する自給自足によって生活が営まれていた。こうした状況では，基本的に交換が生じることはないため商業の存在はない。ただし，自給自足の生活は，必要なものすべてを自分で賄わなくてはいけないため，多様な財を手に入れることは決して簡単ではない。

その後，農耕の発生など社会の生産力が増大することで余剰生産物が生じ，次第に交換が行われるようになる。人々はこうした交換を通して自分に必要な財を揃えるようになっていく。さらに特定の財の生産に専門化することで，習熟度が上がり，効率的に生産することができるようになる。こうして，生産は自分が消費する分のためだけに行われるのではなく，後で誰かと交換するために生産されることになる。このような交換を前提として，生産する人と消費する人が分離する社会を分業社会という。現代はこうした分業が高度に発達した社会にあるといえる。

当初，交換は物々交換が行われていたが，現代では貨幣による売買が通常となっている。というのは，物々交換の成立には相互に欲しいものが一致するだけでなく，その量や交換のための比率が一致しなくてはならないからである。しかし，これらすべてを一致させることは現実的に困難であるため，それを緩和するものとして貨幣が登場する。貨幣は誰に対しても共通の尺度として機能し，それはいつでも，何とでも交換でき，分けることも可能である。この結果，交換は貨幣を介在させることで一方の要件が満たされれば成立することになる。つまり，貨幣による売買は交換を容易にし，財をより広く社会に広げることを可能にするのである。

(2) 商業と流通

すでに述べたように，私たちは財を自分で生産するのではなく，売買によって交換している。分業社会では生産と消費が離れており，それらをつなげる活動として流通がある。

通常，流通は生産者と消費者が直接につながることはあまりなく，その間に商業者（商人）といわれる第三者が介在した形となっている。このような生産者と消費者の間に商業が介在する流通を間接流通とよび，両者が直接取引している流通を直接流通とよぶ。

日常を振り返れば，私たちはコンビニエンスストアやスーパーマーケットなどの小売店で買物していることからほとんどが間接流通であるといえる。しかし，なぜ商業が介在する間接流通が主流なのだろうか。

例えば，生産者から出荷された商品が1,000円とした場合，小売店で販売される価格は，通常それよりも高くなるはずである。つまり，小売業者の利益分も加算されたものとなっているわけだが，それは商業の段階を経るごとに価格が高くなる。とすれば，なぜ私たちはわざわざお店で商品を購入するのか，という疑問が浮かぶことになる。

ここで，図表13－1のように生産者がＰ人，消費者がＣ人いたとしよう。Ｐ人の生産者はいずれも異なった商品を生産し，Ｃ人の消費者はそれらすべてを欲しいと考えていると想定する。取引や商品探索の数を比較すると左の直接流通よりも右の間接流通の方が節約されていることがわかる。これは商業者が多くの生産者から仕入れ，多くの消費者に販売をするからである。つまり，商業者のところに多数の販売・購買が集まり，効率化されることによって流通にかかる費用が節約される。このことを「売買集中の原理」という。

商業者が多様な生産者から商品を仕入れることで品揃え物が形成される。商業が品揃え物を形成することで，消費者が直接に各生産者のもとへ赴くよりも，格段に買物の負担が小さくなる。また，それは生産者の側から見ても，消費者に直接販売するよりも容易に多くの集客をすることができる。このことで生産者は販売を商業者に任せ，自身は生産に集中することができる。つまり，生産者と消費者が分離した分業社会においては，商業が介在する間接流通であることで，むしろ多数の生産者・消費者を効率的につなげることができる。すなわち，商業の存在が生産者と消費者の間に成立する市場の基盤となっているのである。

図表13－1　商業者がいる/いない場合の取引数と商品探索数の比較

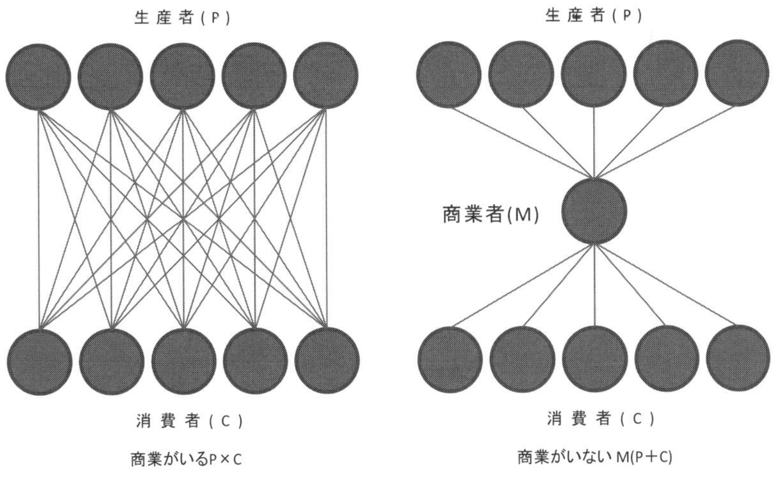

出所：筆者作成。

第2節　商業の内部編成

(1) 卸売商と小売商

既述のように，流通において商業が介在する根拠には売買集中の原理がある。たしかに，商業によって売買が集中されることで流通が効率化されていることは直感的に理解しやすい。ところが，その原理の通りだとすると，1つの巨大な店舗にすべての売買を集中することが，もっとも効率的ということになる。だが，現実的に考えれば，それが決して便利でないことは容易に想像できる。それどころか，ちょっとした商品を購入するためにも，そこまで到達する時間や手間を考えると膨大なコストがかかってしまうのである。

実際には，生産と消費の間に介在する商業は小売商だけでなく，問屋などの卸売商が存在し複数の段階がある。ここで小売商とは，最終消費者に販売する商業者であり，それ以外に販売する商業者を卸売商という。また，小売商だけを見ても，それは様々な業種や業態が存在する。このような，段階や部門，業態の多様な構成を商業の内部編成という。

まず，商業の段階構成についてみよう（図表13－2参照）。これは流通の多段階構成を示しているが，生産と消費の間には収集・中継・分散の段階があることがわかる。例えば，農産物など産地が小規模で各地に分散している場合は，一旦それらを収集し，中継段階で各種商品を組み換えながら分散していくことになる。このような過程を経ることで，小売商の段階で多様な商品の品揃え物が形成されることになり，消費者も容易に多様な商品を購入することができる。

要するに，小売商と生産者が単純に直接取引すれば効率的になるのではなく，卸売商が介在することが現実的な売買の集中をもたらしていることがわかる。さらには，収集から中継，分散の過程を経る中で，様々な商品の組み換えが行われ，消費者にとって有用な品揃え物が形成されていくことになる。

図表13－2　商業の多段階構成

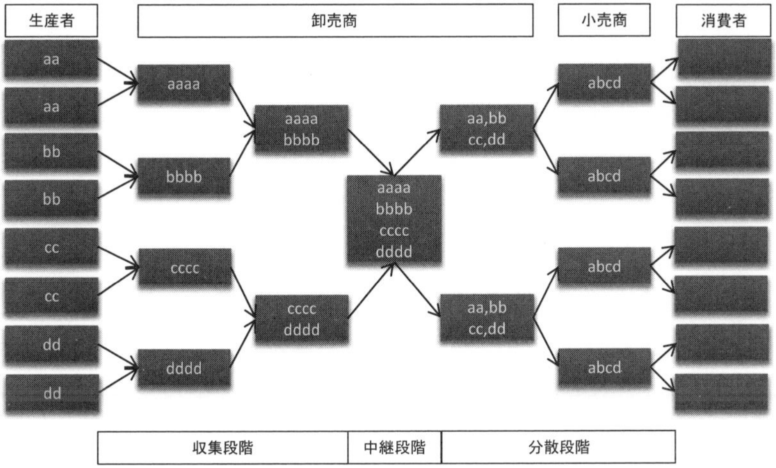

出所：筆者作成。

(2) 商業による市場の拡張と取引計画性の調整

流通が卸売商や小売商によって多段階に構成されるのは，品揃え物を形成するためだけではない。現代の生産体制をみたとき，多くの大規模メーカーが存在し生産は大量に行われている。生産が大量になればなるほど，大規模で広域な市場が求められる。仮に単独の生産者が自ら販売をしようとした場合，空間的にはせいぜい数km 程度の範囲が限界であるが，それでは市場が圧倒的に不足することになる。つまり，大量生産を行う生産者はより広い市場が開拓されなければならないが，それはどのように可能となるのか。

例えば，商業者が販売の専門家として１店舗で1,000人の消費者を引き付けることができるとしよう。生産者からすると取引する商業者が増えるほど，空間的な市場が広がることになる。もちろん，生産者と直接取引する商業者が際限なく広がるわけではない。生産者からすると，取引する商業者が増えれば増えるほど商業者は空間的に広がり，結果として非効率になる。

このとき商業者が小売商だけでなく，卸売商も介在することで，その非効率さは大幅に軽減される。仮に1つの卸売商が50の小売商と取引できるとすると，その先には5万人の消費者との取引があることを意味する。したがって，もし生産者が5つの卸売商と取引すれば，間接的であるとはいえ250店舗の小売商と取引することを意味し，さらには25万人の消費者と取引できる可能性がある。このように考えると，流通において卸売商と小売商が媒介することによって，市場が幾何級数的に拡大されていることがわかる。このような役割を商業者の市場拡張機能という。

生産者にとっての拡張機能は，無数の消費者からなる市場との取引を，比較的少数の商業者との取引で可能とするものである。これの意味するところは，単なる空間的な取引相手の拡張だけではない。生産者と消費者における取引の計画性を調整する役割も担っている。このことは生産者，消費者それぞれにおける性質の相違から生じる。

一般的に生産者は高額の生産設備を必要とし，その固定費も大きい。だからこそ安定的で規則的な大量生産をすることで，効率的な経営を実現しようとする。他方で個々の消費者においては，必要な商品をいつ，どこで，どれだけ購入するか，それこそ気まぐれといってよいほど不規則であり，かつ少量となる。つまり川上から川下にいくほど，不規則で少量になる。

そこで，生産者は複数の卸売商と大量かつ規則的に取引をし，計画的な生産を可能とする。さらに卸売商はより多数の小売商と取引をすることで，大量商品が分荷され，個別の小売商が取引可能な単位にまで小さくなる。それとともに，卸売商も小売商もそれぞれが在庫を保有することで急な需要変動の緩衝材となり，川下の不規則性に対応することができる。その意味で，商業者（卸売商・小売商）が多段階構成であるからこそ，大きく乖離した生産者と消費者の計画性を調整可能としているのである。

(3) 業種店と商業集積

売買集中の原理では，商業は多様な生産者と取引をし，多様な商品を取り扱うことで，効率的な流通が実現し市場が成立することを強調した。しかし，実際の商業者は無限定に何でも商品を品揃えするのではない。それは多様な業種に分かれているが，理由として次の２つがある。

１つ目は，商業者の商品を取り扱う技術の範囲である。商業者は単に商品を仕入れて販売しているわけではない。商品を適切に取り扱うには，その業界の構造や慣習，商品そのものの知識や技術といった専門性を必要とする。また，商品の物理的特性によって必要とされる店舗設備なども異なってくる。例えば，生鮮食品を取り扱う小売商と衣類を取り扱う小売商では，必要な設備も知識もまったく異なることは想像に難くない。仮にそれらを取り扱おうとすると，新たな設備の導入や専門知識のある新たな人員を雇う必要があるなど，かえって非効率になってしまう。つまり，商品を取り扱う技術の差異によって，業種店が多様に存在するのである。

２つ目は，消費者の買物行動における関連購買商品の範囲である。例えば，夕食の材料を購入するのに際して，一か所で買物できるワンストップ・ショッピングであるとその利便性が高まると考えられる。しかし，夕食の材料の買物時に，パソコンやカメラを買おうとは，なかなか思わないだろう。つまり，一か所に何でもかんでも揃えることが，消費者にとっての利便性を高めるとは限らない。それどころか，関連の薄い商品が膨大にあることが，むしろ目的の商品を探すのに負担を大きくすることもある。したがって，消費者の関連購買商品の範囲に沿う形で商品が品揃えされ，結果として業種は多様になるのである。

以上の２つの理由によって多様な業種店が存在するわけだが，一般的には個別商業者の商品取扱技術で扱える商品の範囲よりも，消費者の関連購買商品の範囲の方が広い。したがって，商業者が消費者の関連購買商品に効率的に対応するため，商業集積が形成されることになる。商業集積とは商店街やショッピングセンターがその典型である。小売商は集積を形成することで，個別には商品取扱技術の専門性を追求することができ，他方で集積内の他店と相互に品揃えを補完しながら，消費者の関連購買商品の範囲に対応することができる。こうして売買集中の原理が現実的な姿として実現されることになる。

第3節　商業の発展

(1) 小売業態の発展

近年の小売業界では鮮魚店や乾物店，精肉店などの伝統的な業種店は減少の一途を辿っている。他方で，コンビニエンスストアやドラッグストア，ホームセンターなどの新しい小売業が成長している。このような新しい小売業を業態店という。代表的な業態店としては，上にあげたものの他に，百貨店，総合スーパー，食品スーパー，ディスカウントストア，SPA（speciality store retailer of private label apparel）などがある。

これらに共通しているのは，業種店の壁を超えた品揃え物を形成しており，それは従来の業種店と商品取扱技術が大きく異なっていることである。一般的に業種は「何を売るか（kind of business）」，業態は「どのように売るか（type of operation）」の違いであるとされている。ただし，取扱商品の種類によって，必要とされる取扱技術が異なることを考慮すれば，「何を売るか」と「どのように売るか」は密接に関連していることがわかる。

つまり，業態店とは業種店と異なった商品の取り扱い方をすることで，同時に取り扱う商品の種類や範囲をも変えている小売業のことを意味する。また，別の見方をすると業態は，小売業の戦略やビジネスモデルが蓄積されたものということができる。その意味で，業態とは経営者の創造的な取組によって新たに開発されるものであり，様々な技術の進歩により今後も新たな業態は誕生し続けることになる。

(2) 代表的な小売業態発展論

小売業態の発展を説明するものとして「小売の輪」理論が代表的である。新しい小売業態は低価格を武器に参入することが多い。しかし，それが消費者に受け入れられて業容が拡大すると，新店舗の出店や支店を管理する本部運営などのコストが必要になる。参入当初は低価格を武器にしていた業態も高コストになり，次第に高価格店化することになる。この結果，低価格を求める消費者の需要を満たす業態がいなくなり，そこに新たな低価格を武器にする業態が参入できる空白地帯ができる。つまり，小売業態の変化は輪が回るように繰り返されるとしたのが「小売の輪」理論である。

他方で消費者には中・高価格帯を求める需要もあり，そうしたニーズを満たす業態が参入するパターンもある。つまり，「小売の輪」のように一方向に回るのではなく，需要の空白部分（真空地帯）を満たす新業態が登場するという「真空地帯理論」の考え方も存在する。

(3) 情報化による流通・商業の変化

流通の変化は店舗だけではない。1970年代には多くの消費者に生活用品が行き渡り，物的には豊かな社会が実現された。そのようになると，人々の生活は個性化が進み，ニーズの多様化をもたらすことになる。多様化が進むと，従来までのような少品種の単純な大量販売ではなく，多品種で消費者へのよりきめ細かい対応が必要となる。

こういったことへの対応を大きく前進させたのが，情報技術の発展とそれによる情報ネットワーク化であった。1980 年代以降になると，コンビニエンスストアで導入されたPOS（point of sales：販売時点情報管理）システムが本格的に稼働し始める。POS システムにより単品管理が可能となり，単品ごとの販売状況や在庫状況などをネットワーク上で迅速に把握することができるようなった。

従来，メーカーが需要動向を知るためには多数の小売商と取引をしている卸売商に集約された情報から，間接的に全体的な傾向を把握するしかなかった。それがPOS システムなどの情報化が進むと，ネットワーク上においてほぼリアルタイムに集計され，さらにはこれまでと比べ物にならないほどの精密化された需要動向を把握することができるようになる。

こうして，メーカーは小売商と直接的に取引関係を結ぶことができるようになり，その分として卸売商が果たしていた情報縮約の役割の存在感は小さくなる。このことは卸売商の中抜きとして，流通機構の変化をもたらすことになる。

情報化がもたらす影響はそれだけにとどまらず，メーカーと小売商の関係にも変化をもたらす。すなわち，消費者に最も近い位置にあり，市場に関する情報を最も保有する小売商の相対的なパワーが他の卸売商やメーカーに対して強くなるのである。このことは，大手メーカーが小売商の独自商品としてのPB（private brand）を協働で開発するなど，その主導権が小売商側にシフトしていることにあらわれている。

情報化の進展は，コンビニエンスストアでの多頻度小口配送をも可能としたが，これは従来までの在庫による需要への適応から情報による需要への適応へとその調整方法が変わったことを意味する。これは，単に小売商だけが情報を保有しているからではなく，取引関係にあるメーカーや卸売商など各主体によって共有されることで，全体での最適な適応を実現しているのである。こうした川下の小売起点による，各主体全体で連鎖を適応させる視点をサプライチェーン・マネジメントという。

今後の流通機構はメーカーや商業者だけでなく，その他の物流業者など様々な主体が個別的な効率性を目指すのではなく，全体としての効率性・最適性を目指す方向へと変化していくと考えられる。その基盤が情報技術であり，いかにサプライチェーン全体として捉えるかという視点の変化が求められているのである。

(4) e コマースの発展

近年，インターネットの普及を背景としてｅコマース（electric commerce：EC）を中心としたオンライン販売が急拡大している。ECにはＢtoＢ（企業間取引），ＢtoＣ（企業から消費者向け），だけでなく，ネットオークションやフリーマーケットサイトのようなＣtoＣ（個人間取引）といった多様な形態がある。

ここでは主に小売りとしてのＢtoＣ-ECを念頭においている。ただ，それでも生産者がインターネットを活用する直販するタイプ，Amazonのような仕入れた商品をインターネット販売するタイプ，店舗型小売業が販売経路をインターネットにも多角化するタイプ，楽天のようなECモールといった多様な形が存在する。

ECの躍進によって店舗型小売業の位置づけが低下するといわれることもあったが，現在では両者が対立的なものというよりは，双方を統合的に管理して消費者により高い利便性を提供しようとするオムニチャネル化が重視されるようになっている。

参考文献

石原武政・矢作敏行編『日本の流通100年』有斐閣，2004年。
石原武政・竹村正明・細井謙一編『1からの流通論（第2版）』碩学舎，2018年。
大阪市立大学商学部編『流通』有斐閣，2002年。
名古屋学院大学商学部編『商業概論』中央経済社，2019年。

第14章　マーケティング

第1節　企業におけるマーケティングの重要性

スマートホンなどの情報機器が進展しデジタル・プラットフォームでの売買の増加や消費者の意識行動の変化など，企業を取り巻くビジネス環境は複雑化しており，企業はより迅速な対応が必要になっている。企業は，変化の激しい外部環境に対応しなければならないことから，市場における顧客の獲得と維持に関わるマーケティング活動は，企業の存続や発展にとって不可欠な存在になっている。

(1) マーケティングの定義の変遷

マーケティングは，20世紀初頭のアメリカで誕生した比較的新しい学問であり，その定義は消費者，社会，経済状況，ライバル企業の変化に合わせて時代とともに大きく変化している。それは，マーケティングが常に顧客中心主義を前提とした学問であることに他ならない。マーケティングは，1935年のアメリカマーケティング教育者会議の定義をもとに1948年にアメリカマーケティング協会（AMA：American Marketing Association）がはじめて定義付けをしてから2007年に至るまで何度も改訂されており，外部環境の変化とともにマーケティングの対象領域は，当初の商品やサービスを対象とした狭い範疇からアイデアまで広がっている[1)]。さらに，2004年の定義では，顧客との間で「価値」を創造することが中心となり，その主体も営利企業に限定されることなく，非営利組織（政府，学校，生協，NPO等），あるいは株主，顧客，取引先，従業員，地域住民などの利害関係者であるステークホルダーまで踏み込んでいる。

一方，2007年の定義では，マーケティングの機能やプロセスだけではなく，その活動や制度についても言及している。これまでの定義の中核概念であったマーケティング管理（マーケティング・マネジメント）の要素に加えて，交換，社会全体という広い概念を用いることにより，マーケティングが果たす役割や重要性が増したことを意味している。すなわち，マーケティングとは主体や対象が拡大しようとも，組織やその組織の利害関係者が相互に利益を獲得し，満足を実現するための理念や行動といえるだろう。

(2) マーケティング・コンセプトの変遷

マーケティングは，理念や行動の2つの側面を有しているが，理念はマーケティングの基本的な考え方を示すものであり，マーケティング・コンセプト（marketing concept）と呼ばれている。レビット（Levitt, T. 1925-2006）は「社会や消費者について確実にわかっていることはただ一つ絶えず変化している，という点だ[2)]。」と記しているように，消費者や社会は常に変化しており，マーケティング・コンセプトは不変ではなく時代とともに状況に合わせて変化するものである。

マーケティングは，「生産志向」から始まり，「製品志向」，「販売志向」，「マーケティング志向（顧客志向，消費者志向）」，「社会的志向（人間志向）」，さらに進化しているテクノロジーと人間志向を統合させた共生志向というべきコンセプトへと進化している。

第1段階は「生産志向」と呼ばれ，1920年ごろまでのアメリカでは，製品はまだ比較的少なく需要に対し供給が不足しており，作れば売れるという時代であったことから，企業は生産と生産システムの効率を向上させることを第1として，自社製品の販売への努力はほとんど必要としなかった。

日本では，1960年代の3C（クーラー・カラーテレビ・カー）時代と呼ばれた1960年代がこの時期に相当するだろう。当時の日本は高度成長期に入った時代であり，市場が未成熟な段階であった。この段階では，需要に対して供給が不足しており，企業にとって生産力そのものが価値であり，生産性の向上が企業戦略における競争優位になっていた。

第 2 段階は，「製品志向」と呼ばれ，ある程度，供給が需要に追いついてくる段階を示している。顧客は，企業名や製品を比較することにより，可能な限り品質面で高性能・高機能な商品を求め始めたことから，企業は商品の開発や改良によって競合他社との差別化を図ることにより競争優位を獲得しようとした。

第 3 段階は，「販売志向」と呼ばれている。企業間競争が激しさを増すなかで，供給が需要を上回ると企業は過剰在庫を抱えるようになる。そして，顧客にとっても需要は十分に満たされた状態になってきたため，商品の優劣だけを，あるいは商品による差別化を強調した製品力だけで販売することは困難になってきた。そのため，企業は自社商品の購入を促すために，セールス活動に重点を注ぐようになる。この時代には，生産された製品をいかに販売していくかが最大の関心事となり，つくったものをいかにして売るかというプロダクトアウトの考え方のもとで，特に広告や人的販売などが活動の中心となってきた。

第 4 段階は，「マーケティング志向（顧客志向，消費者志向）」と呼ばれ，ターゲットとなる市場や消費者のニーズを掴み，消費者が求めるものや満足できるものを販売する市場の動向を見据えた企業活動が必要になってきた。市場調査や製品計画によっていかに売れるものをつくりだすか，顧客が満足できるようなマーケティングの仕組み作りを中心とするコンセプトが重要視された。そして，市場を形成する顧客（消費者）のニーズやウォンツに焦点が当てられ，消費者に製品購入後も満足を継続させることができるかどうかも重要な点になった。

第 5 段階は「社会的志向（人間志向）」であり，コンシューマリズムの高まりや大気汚染・水質汚濁といった産業公害や地球環境問題がクローズアップされ，企業は社会や自然環境など社会全体との調和を求められた。そして，単に高付加価値製品を顧客に対して提供するだけではなく，製品とそれらを購入する消費者の社会的な役割や関係を考慮しながら，社会的価値だけでなく自己実現のような精神的満足や価値をもたらす製品が求められることとなった。

近年では，ソーシャル・メディアやブログなどスマートフォンを利用して自分で購入した商品について情報発信する時代へと変化してきた。企業は，データドリブンにもとづき最新のデジタル・テクノロジーを活用し，デジタル・テクノロジーだけでは判断がつかない顧客の態度や価値観，背後のある動機を解釈するといったデジタル技術と人間志向の共生を目指すような効率的なマーケティングを展開するようになっている[3]。

このように，時代とともに企業のマーケティング・コンセプトは企業を取り巻く環境の変化に対応しながら変化している。

第2節　マーケティング・プランの策定

マーケティング活動を進める際，取り組まなければならないのは個々の製品・サービスや事業のマーケティング目標を明確にすることである。マーケティング目標とは，企業の展開する個々の製品・サービスや事業について一定期間の売上，マーケットシェア，利益率等について具体的に設定することである。マーケティング目標が決定されると，それを達成するためにマーケティングのSTPを明確にする必要がある。マーケティングのSTPとは，セグメンテーション（Segmentation），ターゲティング（Targeting），ポジショニング（Positioning）の3つの頭文字をとったものであり，市場を開拓するためのマーケティング手法として，誰に対して，どのような価値を提供するのかという問題を明確にするための手法として提唱された[4]。それは，すべての顧客ニーズに対応でき，万人から受け入れられる商品やサービスを提供することが不可能になっており，共通の特徴・特性をもつ顧客をグループ化することによってターゲットを絞込む作業が必要になったことが背景にある。

このように，企業は顧客のニーズを絞り込み，市場を細かく細分化し（マーケット・セグメンテーション），その細分化した市場（セグメント）に向けてターゲットを定めるとともに，その商品やサービスの位置を決定する（ポジショニング）STPの考え方がマーケティングの基本戦略になった。

(1) セグメンテーション（Segmentation）

STPの第１段階としてのセグメンテーションは，市場全体（マス・マーケット）を様々な変数によって細分化し，標的市場として絞り込むための準備をすることである。一般的に市場を細分化することを，マーケット・セグメンテーションと呼び，また，細分化された変数はセグメントと呼ばれる。セグメンテーションは，様々な市場調査よってユーザー層や購買層といった形で切り口を探索する。セグメンテーションに用いられる変数の代表的な分類方法は，「人口動態変数（Demographic Variables）＝年齢，家族構成，性別，所得，職業，教育水準，宗教，人種，世代，国籍，社会階層などの属性で区分する方法」，「地理的変数（Geographic Variables）＝国家，地域，都市・市町村など地理的な属性で区分する方法」，「心理的変数（Psychographic Variables）＝価値観，ライフスタイル，性格，個性，嗜好性などで分類する方法」，「行動変数（Behavioral Variables）＝製品の利用状況や購買頻度，製品に求める価値，製品に対する態度などの属性により分類する方法」が多く使用される。

このように，新製品開発や広告作成時に市場を細分化することによりターゲットを明確にすることが可能となる。

(2) ターゲティング（Targeting）

市場細分化によって，各セグメントの市場機会を評価した後にセグメントの魅力度を評価し，どのセグメントに向けてターゲットを設定するかを決定することになる。ターゲットを定める場合には，市場規模や成長性，セグメントの長期的な魅力度（競争企業，潜在的な参入企業の有無，代替製品，買い手，供給業者など），自社の戦略長期的目標との整合性，収益性をあげるための必要なスキルや資源を有しているかなどの点についても考慮する必要がある。その際に，外部環境や内部環境における強みや弱みを把握するための有効な手段となるのがSWOT分析やTOWS分析である[5]。両者とも，企業や事業のマーケティング戦略を立案する際に使われる基本的なフレームワークであり，企業・組織の外部に潜んでいる機会，脅威と，企業の内部に持つ強み，弱みとの組み合せから，自社の将来においてあり得る状況とそれに対する対策を導き出すという戦略的策定手法を提示するものである。

(3) ポジショニング (Positioning)

ターゲットが決定された後は，自社の製品やサービスの位置づけを決定する必要がある。そのために，企業が製品・サービスを顧客に対してどのようなベネフィット（便益）を提供することができるのかというマーケティング・コンセプトが設定される。顧客は，製品自体が欲しいのではなく，その製品から提供されるベネフィットを求めていることからコンセプトを決定する際には，消費者が対価を支払ってもよいと思えるだけの価値や魅力を提供しなければならない。

第3節　マーケティング・ミックスの策定

コンセプトが決定されると，具体的な活動に落とし込むために「製品（Product)」，「価格（Price)」，「流通（Place)」，「プロモーション（Promotion)」を組み合わせるマーケティング・ミックスを策定することになる。これらは，英語の頭文字をとって４Ｐと呼ばれており，市場に導入する製品やターゲットの特性に合わせて意思決定を行うことである。近年のマーケティングの顧客中心主義という視点から，４Ｐの概念を４Ｃとして置き換えた考え方も提唱されている[6]。それらは，顧客価値（Customer value)，顧客コスト（Customer cost)，利便性（Convenience)，コミュニケーション（Communication）から構成されており，常に買い手側である消費者のことを考慮に入れてマーケティング・ミックスを立案するという考え方である。

(1) 製　品

製品は，マーケティング・リサーチによって収集したデータから決定したコンセプトにもとづいて，顧客に提供しようとするベネフィット（便益）を反映し決定される[7]。ベネフィットとは，消費者が製品を所有・使用・消費したりすることによって得られる価値や満足を表している。現代社会における消費者の製品とは，製品性能・性質や物理的属性は勿論のこと，心理的特性，製品に付随する顧客サービス，消費者のブランド・企業イメージなど製品の意味付けは大きく変化している。したがって，現代社会における製品とは，単に物理的に捉えるだけでなく，製品の持つ意味合いを拡大して捉える考え方が必要になってくる。

コトラー（Kotler, P. 1931-）は，「製品とは，あるニーズを充足する興味，所有，使用，消費のために提供されうるすべてのものを指す。それは，自動車や書籍などの物理的財・有形財（physical product）や理美容，コンサートなどのサービス，人間，場所，組織，アイデアを含んでいる。それは，他に提供物（offer），価値のパッケージ（value package），便益の束（benefit bundle）とも呼ばれうる[8]。」と述べており，企業の経営活動の中心である売買取引において顧客が識別し，評価することができるすべての要素を含んでいると製品の概念を説明している。

製品の概念は3つの階層レベルに分類することができる（図表14－1参照）。

図表14－1　製品の３つの階層レベル

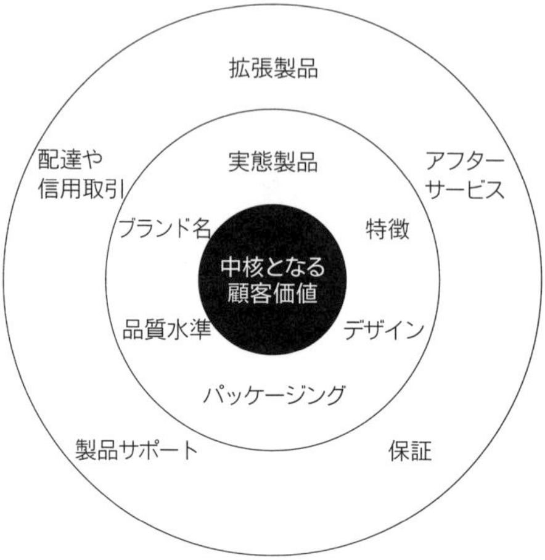

出所：コトラー（Kotler, P.）・アームストロング（Armstrong, G.）・恩蔵直人『コトラー，アームストロング，恩蔵のマーケティング原理』丸善出版，2014年，171頁。

その中核をなすのは，消費者や生活者がある製品に期待する便益・サービスであり，消費者が製品を購入するのは，生活をしていくうえで必要となるニーズを具体化したり，充足したりするモノやサービスである。そして，製品の中核となる便益を取り巻いている２つ目の階層は，実質的に製品を形成している成分，品質，特徴であり，さらに主にイメージを形成しているスタイル，パッケージング，ブランドなどの感覚部分である。さらに，その周りを取り巻いているのが保証，アフターサービス，取り付け，配達，信用供与など製品売買を行うことにより生じる様々な付加部分である。このように，製品とは目に見える特徴や特性ばかりではなく，顧客のニーズを満足させる様々なベネフィットの束として捉えることが重要である[9]。

(2) 価　格

顧客が製品・サービスを購入するかどうかは，製品そのものの機能やベネフィット，付随的なサービスだけでなく，その製品購入のために支払う金額も重要な要素となる。価格については，商品の値段の設定と，設定した価格を如何に管理していくかという2つの問題がある。価格の決定方法については，経済学などでは基本的に需要と供給のバランスによって決定されるが，企業の一般的な価格設定の考え方は，コスト，競争，需要の3つを考慮して考えられる場合が多い。

コスト重視型の価格設定として代表的な方法はコスト（製造原価や仕入原価）にマージン（利益）を加えて価格を決定するコストプラス法である。また，競争相手が設定した同種の製品の価格を参考に設定する競争重視型の価格設定方法や，ある製品やサービスについて，これくらいなら支払ってもよいという買い手の値ごろ感を調べ，それに見合った価格を設定する需要志向型の価格設定方法がある。さらに，需要志向型のなかには，サービスのベネフィットに対する消費者の知覚にもとづいて価格を設定する方法や，心理的な反応にもとづいて価格を設定する名声価格，慣習価格，端数価格，価格ラインと呼ばれる需要差別型の価格設定方法がある。このように，価格設定方法には，費用，競争，需要といった３つの設定方法があるが，実際にはこのうちの１つを選択するのではなく，それぞれの視点を統合して価格設定は行われる場合が多い。

新製品の価格設定は，ペネトレーション・プライス（市場浸透価格）やスキミング・プライス（上澄み価格）が代表的なものである。ペネトレーション・プライスは，マーケットシェアを初期の段階で獲得し創業者利得を得るために低価格の価格設定を行う方法である。一方，スキミング・プライスは，新製品の発売当初は原価に対して高い価格設定を行い，市場の成長とともに価格を下げていくという方法である。

現代社会では，価格決定の主導権が消費者側に移行しており，企業は単に製品価格という側面から考えるだけでなく，顧客が製品を選択し入手するまでのコストなどをトータルで考える顧客コストを考える必要があるだろう。

(3) 流　通

流通とはどのようにモノやサービスを顧客に提供するのか，あるいはどこで販売するのかという，製品が生産者から消費者に至るまでの道筋であり，企業は製品の社会的・物理的移転を円滑かつ有効的に行う流通経路・場所（Place）を決定する必要がある。流通は，マクロ的な社会経済的な視点から捉えた場合は流通機能を示しており，流通機構，流通システムと呼ばれる。一方，ミクロ的な個別企業の視点から捉えた場合には，販売経路，マーケティング・チャネルと呼ばれる。また，マクロ・ミクロの両方からの視点で論じる場合には，流通経路や流通チャネルと呼ぶ場合が多い。

流通には，生産と消費の間にある時間，場所，社会の隔たりを埋める架橋の役割があり，具体的には，①商的流通＝所有権の移転による取引の流れ（社会的隔たりを埋める），②物的流通（物流）＝輸送業，倉庫業等が担当するモノが移動する流れ（場所的隔たり，時間的隔たりを埋める），③情報流通＝情報が移動する流れ（販売情報や商品に関する情報等の交換）がある。

商的流通における生産者のマーケティング・チャネルに関する意思決定は，商品の特性や企業のマーケティング戦略などを考慮して決定される。特に考慮されるべき点は，チャネルの長さ，幅，開閉度などの問題がある。チャネルの長さとは，チャネルに含まれる段階数を意味しており，①生産者→消費者，②生産者→小売業者→消費者，③生産者→卸売業者→小売業者→消費者，④生産者→卸売業者→卸売業者→小売業者→消費者と介在する当事者が多くなればなるほどチャネルは長くなる。また，チャネルの幅とは，チャネルの市場把握範囲を示しており，当該商品を取り扱う小売店の数と，それらの空間的広がりを意味する。もう一つの開閉度とは，併売か専売かを意味しており，併売とは自社製品と競合製品を一緒に販売していることで，専売とは自社製品のみを販売店に扱ってもらうことである。専売は併売に比べ，品揃えやアフターサービス等が充実でき，製品イメージの保持といった点で生産者のコントロールが可能になるメリットを有する。

チャネルの構築にあたっては，消費者が製品を購買し易いかどうかに従って考えることが重要であるが，一般的には，購買頻度の高い最寄品などは，チャネルは広く，長く，開く傾向になるように，購買頻度が低い専門品は逆のチャネル開発が行われる場合が多いことから，提供する製品の性格，生産者の能力，消費者の購買行動を考慮してチャネルに関する意思決定が行われる。

(4) プロモーション

プロモーションとは，製品に関する情報を多くの消費者に対して発信する情報提供活動であり，近年コミュニケーションと呼ばれることも多い。その意思決定の焦点は情報（メッセージ）の内容や伝達手段を検討することであり，広告，人的販売（販売員活動），パブリシティ（publicity），セールスプロモーション（販売促進）の 4 つに分類される。

広告とは，有料のメディア（媒体）を通して，メッセージを非人的な方法で伝達する手段であり，媒体としては，テレビ，ラジオ，新聞，雑誌といったマスコミ広告をはじめ，ダイレクトメール，交通広告，屋外看板，折り込みチラシ，インターネットなど様々な手段がある。これまでの広告の中心は，マスコミ広告であったが，2012年にインターネット広告がマスコミ4媒体の広告費を上回り，特に動画広告や・SNS広告が大きく伸びている。

人的販売は，セールス・パーソンによる販売促進活動を指すが，他のプロモーション活動と比較して双方向のコミュニケーションができることが特徴であり，それ故にこのセールス・パーソンの販売力（営業力）の養成と活用が重要となる。

パブリシティとは，報道機関に自社の企業活動や製品に関する情報を提供し，ニュース，記事，番組として取り上げてもらう方法である。基本的には無料である一方，企業が発信した情報を記事やニュースとして取り上げるか否かは報道機関側にあるため，パブリシティは客観性が高まることから，消費者の信頼度が高い活動のひとつとみなすことができる。

販売促進活動とは狭義のプロモーションを意味しており，広義のプロモーションと混同することがあるが，広告と同様にプロモーションの重要な位置を占めている。様々な活動があるが，景品（プレミアム），サンプル，ノベルティ（記念品），展示会などがよく知られている。

これまでのプロモーション活動は，マスメディア広告を中心とした企業側から消費者側へ情報を流して需要を駆り立てるという一方通行型のプロモーションが主流であったが，近年ではSNSや口コミなど個客との双方型のコミュニケーションが増加している。そのため企業側は，自社の商品情報を伝えるだけでなく，消費者に対して誠実な姿勢や適切と考えるコンセプトを示し共感を得ることができるような双方向型のコミュニケーションが必要になるだろう。

企業は，プロモーション活動のうち１つだけを選択するのではなく，予算や商品特性などと照らし合わせて顧客と価値を共有できるような効果的なプロモーション（コミュニケーション）・ミックスを行う必要がある。

第４節　今後のマーケティングの展開

近年のデジタル社会の中心を担っているスマートフォンが生活の一部になっている社会においてマーケティングは急速に変化している。マーケティングは，ソーシャル・メディアの普及による生活環境や価値観の変化，深刻化している資源・環境問題，地域格差などの社会問題を背景として論理的な部分の上に精神性や人間性が重視され，論理的思考や感情的思考なども考える必要性があるとされてきた。企業はどのように商品を販売するかをコンセプトの中心に置くのではなく製品・事業を通してより良い社会をつくり出すかが焦点になった[10]。

さらに，近年のコロナ禍においてデジタル化が急拡大することとなり，マーケティングもデジタルと人間の融合という考え方へと変化している。今後は，デジタル技術がさらに進展し日常的な生活に入り込んでくると予想されており，オンラインとオフライン区別がなくなり，オンラインにおいてもオフラインの体験が可能となると考えられている。そして，マーケティングの手法も人間しかできない主観，経験，勘に頼らざるを得ない部分を除いて，デジタル技術が補い，個人個人に最適化された顧客体験を先回りして提供することが可能となる。つまり，マーケティングでは，デジタル技術と人間の共生を目指すことになるだろう[11]。

注記

1）詳しくはAMA（アメリカン・マーケティング協会）ホームページ，コトラー（Kotler, P.）『マーケティング3.0』を参照のこと。

2）詳しくは，セオドア・レビット著　土岐坤訳『新版　マーケティングの革新未来戦略の新視点』ダイヤモンド社を参照のこと。

3）Phillip Kotler, Hermawan Kartajaya and Iwan Setiawan “Marketing 5.0：technology for humanity” Wiley, Inc., 2021, pp. 3 -15。

4）コトラー（Kotler, P.）が提唱したとされているが，もともとGMCの社長を務めていたアルフレッド・スローンの顧客セグメンテーションがもとになっているといわれている。

5）この手法は，もともとサンフランシスコ大学 ビジネス＆マネジメント・スクール教授のワイリック（Weihrich, H.）が「The TOWS matrix: a tool for situational analysis」（1982年）に提唱したものであり，企業の経営戦略や国の競争優位の研究，戦略策定の定式化のために考案されたとされている。コトラー（Kotler, P.）も，外部環境が内部環境要因によって，限定されてしまうなどの問題を回避すべきであるとの観点からSWOT分析は，TOWS分析と呼ぶべきと提唱した。

6）1980年代，University of North Carolinaのラウターボーン（Lauterborn, R.F.）は，顧客側に立った視点マーケティング・ミックスの新たな発想である４Ｃを提唱している。

7）レビット（Levitt, T.）は，製品とは消費者が購入するのは物理的な実在ではなく，製品の使用価値から得ることができる便益や問題解決であると述べている。例として，「４分の１インチのドリルの購入者は，ドリルそのものを購入したいと考えたのではなく，４分の１インチの穴を購入している。」として消費者の製品購入の意味について述べている。

8）P. Kotler and G. Armstrong, Marketing : An Introduction, 4 th Edition. Prentice-Hall, Inc., 1999, P.コトラー，G. アームストロング，恩蔵直人監修，月谷真紀訳『P. コトラーのマーケティング入門』株式会社ピアソン・エデュケーション，2007年，269～270頁。

9）コトラー（Kotler, P.）・アームストロング（Armstrong, G.）. 恩蔵直人『コトラー，アームストロング，恩蔵のマーケティング原理』丸善出版，2014，171頁。

10）Phillip Kotler, Hermawan Kartajaya and Iwan Setiawan "Marketing 3.0" John Wiley & Sons, Inc., 2010, pp. 3-22.

11）Phillip Kotler, Hermawan Kartajaya and Iwan Setiawan (2021), op. cit., p. 15.

第15章　イノベーション

第1節　企業経営とイノベーション

イノベーションは，「何かを新しくすること」を意味するラテン語の“innovare”を語源とする。日本においては，1956年度の『経済白書』において技術革新（イノベーション）と訳語をあてられたこともあり，現在においても技術の発展によって画期的な変革をもたらすことがイノベーションであると狭義に捉えるケースも見受けられる。しかし，何か新しいものを取り入れたり既存のものを変えたりするイノベーションの対象は多岐にわたり，また，技術革新のみならず経営革新によってイノベーションを実現する事例も多い。現在の企業経営におけるイノベーション創出のためのマネジメント方法であるイノベーション・マネジメント・システム，イノベーション創出を実現するための経営思考として注目されている両利きの経営，イノベーション創出を効率化するための方法として浸透しているオープンイノベーションなどは経営革新に類する。

イノベーションについて初めて定義づけを行った人物としても有名な経済学者のシュンペーター（Schumpeter, J. A. 1883-1950）は，イノベーションとインベンション（発明）を区別して発明がなくてもイノベーションは生じると論じている。画期的な発明があったとしても，消費者や企業を含む市場に受け入れられ普及・浸透しなければイノベーションはもたらされない。一方，画期的な発明によるものでなくても市場が価値あるものと判断して受け入れて普及・浸透した結果，生活や経営，社会に革新をもたらすことができればイノベーションが生じたといえる。

イノベーションは経済・産業成長の起爆剤として，アントレプレナーシップの原動力として，企業における競争優位性を保つ経営戦略としても重要視されている。一方，イノベーションによる成果のインパクトは大きいがゆえに，他が手にしたイノベーションの成果により市場シェアを奪われ，市場における優位性や競争力を奪われる厳しさもある。つまり，企業にとってイノベーションはopportunity（機会）でもありthreat（脅威）でもある。

イノベーションの成果は，経済的価値創造の側面に留まらず，社会的価値創造の側面も有しており両面において期待が膨らんでいる。

第2節　イノベーションの定義

本節では，シュンペーターによるイノベーションの定義およびイノベーションをもたらすアプローチの分類についてまとめる。

『経済発展の理論（1912）』のなかで，シュンペーターによりイノベーションは初めて定義された。『経済発展の理論』はその名の通り経済が発展する様を理論構築することを目的としており，経済はあたかも血液のように均衡な状態で連続性を保ち循環する一面を有するとともに，非連続的・断絶的な変化を呈することも指摘し，「経済活動の中で生産手段や資源，労働力などをそれまでとは異なるやり方で新結合すること」により，非連続的・断絶的に経済を飛躍的に発展させるとした。この新結合こそが後にイノベーションと呼ばれる概念でありイノベーション理論の原点となっている。

ここで表現されている「生産」の概念は，産出することに加えて，利用可能な資源や力を結合することを含むとしている。「郵便馬車をいくら連続的に加えても，それによって鉄道をうることはできないであろう。」[1)] と表現したことはあまりに有名である。馬車が貨物を運んでいた時代に馬の頭数を増やすことで輸送能力を高めることはできるが，郵便馬車をいくら連結しても鉄道にはならない。蒸気とレールを新結合させ誕生した鉄道のような非連続な革新，つまり，イノベーションが生じたら郵便馬車を席巻し衰退させてしまう現象を表現している。新結合により既存のものを破壊し新しいものを創造する「創造的破壊」によって，飛躍的に経済は革新し発展すると主張している。

また，新結合によってイノベーションをもたらす類型として，次の５つをあげている。

①プロダクト・イノベーション（新しい財貨の生産）

世の中に存在していない，消費者に知られていない，概念を一新させるような新しい製品・サービスを開発すること。

②プロセス・イノベーション（新しい生産方法の導入）

新しい生産方法や取扱方法，流通方法を開拓・導入して実績をあげること。効果として，大量生産や価格の引き下げなどが可能となる。

③マーケット・イノベーション（新しい販路の開拓）

新たな市場に参入したり，従来の販売先ではない新規の顧客やニーズを開拓したりすること。ブルーオーシャンの発見と同様に，未開拓の場所に新規参入すること。

④サプライチェーン・イノベーション（新しい供給源の獲得）

製品に利用される原料やあるいは半製品の新しい供給ルートを見直したり，新たな原料を見つけ出したりすること。原料や半製品の新しい使い方，注目されていない原材料に代替したり，捨てられていたものを活用したりすること。

⑤オーガニゼーション・イノベーション（新しい組織の実現）

新しい組織を構築したり，組織を再構築したりすることで他社に影響を与えたり，生産性の向上などの成果をもたらすこと。既存の企業組織の枠を超えた連携や社内ベンチャー制度で新たな組織が生れることも含まれる。

なお，日本においては法律として初めて研究開発力強化法（2008年成立）で「イノベーションの創出」を「新商品の開発又は生産，新役務の開発又は提供，商品の新たな生産又は販売の方式の導入，役務の新たな提供の方式の導入，新たな経営管理方法の導入等を通じて新たな価値を生み出し，経済社会の大きな変化を創出することをいう」と定義したほか，経済産業省は2019年にイノベーションについて，「研究開発活動にとどまらず，社会・顧客の課題解決につながる革新的な手法（技術・アイデア）で新たな価値（製品・サービス）を創造し，社会・顧客への普及・浸透を通じてビジネス上の対価（キャッシュ）を獲得する一連の活動をイノベーションと呼ぶ」と定義している。

第3節　イノベーションの普及

シュンペーターが指摘したように，画期的な発明があっても普及・浸透しなければイノベーションはもたらされない。そこで，新結合により誕生した製品・サービスや仕組み，組織などが普及・浸透するプロセスに焦点を当てた研究がなされている。本節では，そのなかからイノベーション普及のＳ字カーブモデルとイノベーター理論で紹介されたイノベーションの普及曲線を取り上げる。

①イノベーション普及のＳ字カーブモデル

フォスター（Foster, R. 1941-）が提唱したイノベーション普及のＳ字カーブモデルは，横軸にイノベーションに投入された時間あるいは労力，縦軸にイノベーションの累積採用者数をとり，この２軸で描いたモデル的な線の形状がアルファベットのＳの形に似ていることから，イノベーション普及のＳ字カーブモデルといわれる（図表15－１参照)。

イノベーションによって市場に投入された製品・サービスは，投入された時間・労力が少ない初期には採用者は少数であるが，時間・労力の値が高まるにつれ累積採用者数が徐々に高まっていることを読み取ることができる。そして，製品・サービスの普及が一気に跳ね上がるクリティカル・マス（臨界点）を超えると累積採用者数が一気に増える，つまり，イノベーションの普及スピードが速まり普及が拡大する。次に，Ｓ時点に達すると市場は飽和状態に近づくため爆発的なイノベーションの普及は期待できなくなることを示している。

なお，イノベーション普及のＳ字カーブモデルは，イノベーションの普及過程を事後的に分析するのには有益なモデルであるが，モデルの対象ごとに普及スピードも最大普及率も異なるため，事前予測には適さないことから経営戦略の策定には適さないモデルであるといえる。

図表15－1　イノベーション普及のS字カーブモデル

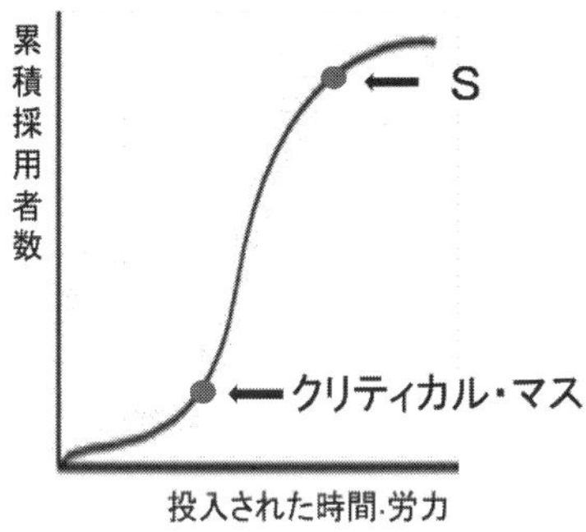

図表15－2　イノベーションの普及曲線

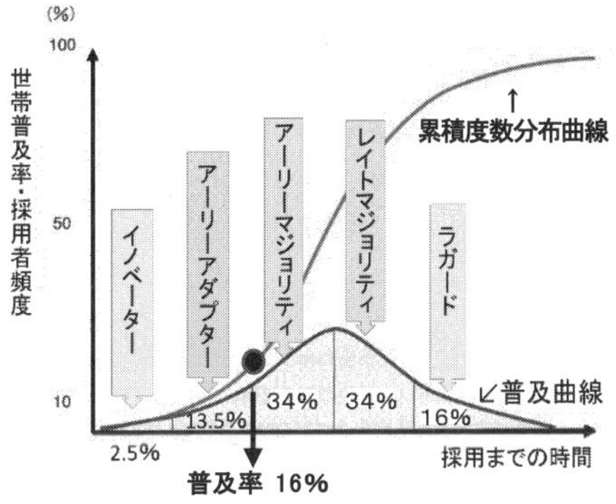

出所：図表15－1，15－2ともに筆者作成。

②イノベーションの普及曲線　―採用者カテゴリ―

イノベーター理論は，ロジャース（Rogers, E. M. 1931-2004）が『イノベーションの普及』で1962年に提唱したイノベーションの普及に関する理論である。著書のなかで，新たな製品・サービスなどが市場に投入されたとき，市場側である採用者のタイミングに着目してタイプを５分類し，普及・浸透が進むにつれて，採用者のタイプやニーズが変化していくことを体系的に理論化した。また，ロジャースは，イノベーションを「何者かによって新しいと知覚されたアイデア，習慣，対象物のこと」と定義したうえで，新製品やサービス，アイデアや行動様式などが時間をかけて次第に普及・浸透していく様子のことを「イノベーションの普及」と定義づけている。

ロジャースは採用までの時間の経過が早い順から，次の通り５分類した。

- イノベーター（革新的採用者）　普及率　2.5%
- アーリーアダプター（初期少数採用者）　普及率　13.5%
- アーリーマジョリティ（前期多数採用者）　普及率　34.0%
- レイトマジョリティ（後期多数採用者）　普及率　34.0%

・ラガード（採用遅延者）　　　　　　　　　　普及率　16.0％

この5分類は図表15－2の普及曲線で示している。それぞれの特徴について，イノベーターは新製品・サービスが市場に投入されたら直ぐに進んで採用する層，アーリーアダプターは流行に敏感で自ら情報収集を行いリスクも理解したうえで価値があれば多少の不便は我慢してでも採用する層，アーリーマジョリティは価値があるだけではなくリスクやストレスもないものを求め新しいものに比較的慎重だが流行遅れも好まないため早めの段階で採用する層，レイトマジョリティは新しいものに懐疑的で世間の半数以上に普及したのちに採用する層，ラガードは世間の動きに関心が薄く保守的で流行が一般化するまで採用しない，あるいは最期まで採用しない層とした。

また，採用までの時間の経過とともに上昇する採用者頻度の累計を示す累計度数分布曲線が描くS字カーブと，図表15－1で示したイノベーション普及のS字カーブモデルを比較することで，普及・浸透が一気に跳ね上がるクリティカル・マスはイノベーターとアーリーアダプターまでの普及・浸透が進んだ普及率16％のラインと一致することを見出した。ロジャースはこれを「普及率16％の論理」として提唱し，イノベーションを実現するためにはオピニオンリーダーとも称されるアーリーアダプターまでの普及・浸透が1つの鍵となるとして，その層の採用者へのアプローチを特に重視した。

第4節　イノベーションのジレンマ

イノベーションのジレンマは，『イノベーションのジレンマ（1997）』のなかでクリステンセン（Christensen, C. M. 1952-2020）が提唱した企業経営の理論である。クリステンセンは，この著書においてイノベーションを持続的イノベーションと破壊的イノベーションに大別し説いている。

イノベーションのジレンマにおける持続的イノベーションとは，顧客のニーズを満たす価値を提供するために従来の方向性を変えることなく改善・改良など経営努力を重ねることで，既存製品・サービスのイノベーションを実現することを示している。この持続的イノベーションは変化の度合いの違いによって，徐々に性能を向上させる「漸進的イノベーション」と一気に性能を向上させる「革新的イノベーション」に分類されている。一方の破壊的イノベーションとは，既存市場で当たり前となっている価値やルールを破壊して新たな価値を創造する新製品・サービス開発に経営資源を集中させ市場に投入することで，市場勢力や業界構造を劇的に変化させるほどのイノベーションを実現することを示している。この破壊的イノベーションは，新規顧客層にアプローチして新たな市場を切り拓く新市場型破壊的イノベーションと，持続的イノベーションによりハイスペックで複雑で高価となった製品・サービスに対してシンプルで使い勝手がよく低価格な革新的製品・サービスを市場に投入することにより引き起こすローエンド型破壊的イノベーションに分類されている。持続的イノベーションは，既存顧客を対象に方向性を変えることなく不満点を解消することなどにより提供するベネフィットを高める，破壊的イノベーションは，潜在顧客も対象に新たな用途や解決策を提供することで既存のものとは異なる新たな価値を提供する特徴がある。

既存市場で一定のシェアを占め多数の顧客を有している企業は，持続的イノベーションを繰り返すことで市場シェアも顧客も維持することに努めている。破壊的イノベーションの気配を感じても，顧客ニーズに合致する最適経営に邁進するが故に「持続的イノベーションには投資すべきだが破壊的イノベーションには投資すべきではない」と合理的な経営判断をせざるを得ない場面に直面することがある。そこにジレンマが存在し，持続的イノベーションに注力した結果，破壊的イノベーションにシェアを奪われ衰退する現象を「イノベーションのジレンマ」と表現した。クリステンセンは，経営者が無能だからシェアを奪われるのではなく，「偉大な企業はすべてを正しく行うが故に失敗する」と主張した[2)]。

図表15－3は持続的イノベーションと破壊的イノベーションそれぞれについて，縦軸に顧客に提供するベネフィット・性能をとり，横軸の時間の経過による変化と顧客が期待する性能との関係を示している。競争相手よりすぐれた製

品・サービスを供給し，価格と利益率を高める持続的イノベーションを重ね続けた結果，その成果はある時点で顧客ニーズを超えてしまう。そのような状態をオーバーシューティング（過剰解決）という。

顧客は企業が提供する価値や価格が自らの期待を上回るオーバーシューティングの状況になるとローエンド型などの他に興味を抱き始める。同時に，破壊的イノベーションの価値が市場で広く認められるようになると一気に市場勢力を増し業界構造を変化させることがある。

図表15－3　イノベーションのジレンマ

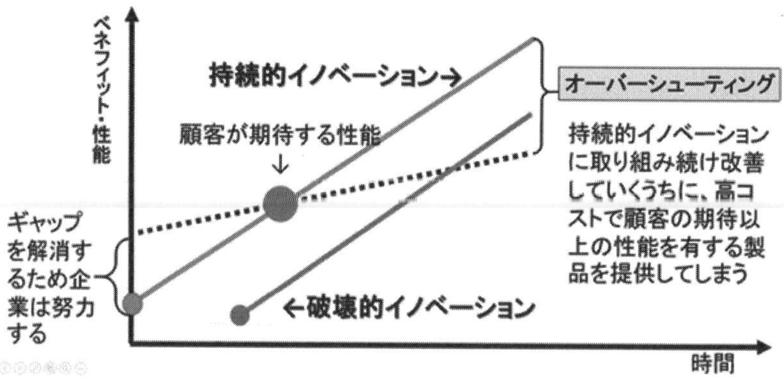

出所：筆者作成。

経営者が優秀であり合理的な判断をしたからこそ破壊的イノベーションへの参入が遅れたりシェアを奪われたりするのはなぜか。イノベーションのジレンマが生じる背景についても触れている。

一つに企業が既存顧客や投資家の意向を大切にしているためであるとしている。既存顧客の高度化するニーズに応えたり配当を求める株主の期待に応えたりすることを優先する結果であり，不確実性がある新規事業や市場に参入する壁は高くリスク回避すべきと判断するためである。また，破壊的イノベーション導入期の市場は，それまで市場がなかったか採算が合わないほどの小さな市場であることが一般的であるため積極的な投資の意思決定を下すことは困難である。その他にも，それまでに築いた既存製品・サービス市場における地位を守り競合企業と対抗し続ける必要があること，既存事業と新規事業とで必要となる能力・スキルが異なるため参入に時間を要することなどをあげている。イノベーションのジレンマに陥ることなく破壊的イノベーションに挑むには切り離した別組織にて取り組むことが有効であること，自らが破壊的イノベーションを起こすために新しい顧客を探す必要があるが利益を出すプロセスとは異なることなどを主張した。

第5節　両利きの経営

両利きの経営とは，オライリー（O'Reilly, C. A. 1942-）とタッシュマン（Tushman, M. L. 1947-）による『Lead and Disrupt（2016)』の著書名の和訳であるが，原題を直訳すると「リードし，破壊せよ」となる。これは，近年の新しいイノベーション研究において重要な経営理論として注目されている。

既存の組織能力そして中核事業を深めることを「知の深化」と表現し，新しいビジネスモデルや製品・サービスを生み出し事業領域を開拓することを「知の探索」と表現している。そして両利きの経営の「両利き」は図表15－4の矢印の状態であり，企業経営において知の深化と知の探索の2つを同時かつ高いレベルで推進できる組織能力を有することを指している。『イノベーションのジレンマ』においてクリステンセンは，持続的イノベーションと破壊的イノベーションの両立の困難性，企業がイノベーションのジレンマに陥ることなく破壊的イノベーションに挑むには既存組織から切り離して取り組むことが有効であることを指摘したが，それに対してオライリーらは探索と深化を分断せず，深化によって安定した収益を確保しつつ不確実性の高い探索を行うことで，成熟事業と新規事業の双方を成功に導く「両利き」の経営ができる組織能力を有することが重要であると主張している。

しかし，同著を監訳・解説した入山は，事業が成熟化するにつれ目先の収益のために知の深化に偏る傾向が日本企業に多いことを指摘している。その理由として，知の探索にはコストがかかり不確実性が高いことのほか，社会からの信頼を確保するために既存事業を深化させ事業の安定化を目指すことは効率が良いことをあげ，成功するほどに知の深化に傾斜しやすいとしている。イノベーションに悩む日本企業は少なくないが，成功体験を有する企業ほど知の深化に偏った経営を行いイノベーションが起こらなくなるサクセストラップ（成功の罠）に陥っている，だからこそ「両利きの経営」の理解を深める必要があるとの見解を述べている[3]。

図表15－4　「知の探索」と「知の深化」とサクセストラップ

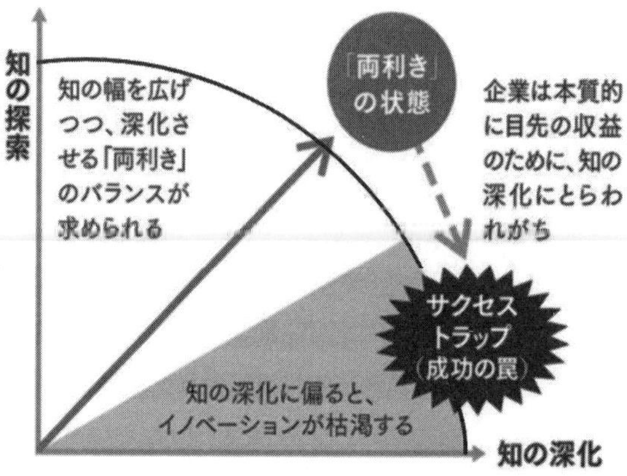

出所：Charles A. O'Reilly・Michael L. Tushman著，入山章栄（監訳・解説），冨山和彦（解説），渡辺典子（訳）『両利きの経営』

注記

1）Schumpeter, J.A.（1934）“The Theory of economic Development”，p. 64.
2）Christensen, C. M. 著，玉田俊平太（監修），伊豆原弓（翻訳）『イノベーションのジレンマ』翔泳社，275頁。
3）O’Reilly, C. A. & Tushman, M. L. 著，入山章栄（監訳・解説），冨山和彦（解説），渡辺典子（訳），8～9頁。

参考文献

O’Reilly, C. A. & Tushman, M. L. 著，入山章栄（監訳・解説），冨山和彦（解説），渡辺典子（訳）『両利きの経営』東洋経済新報社，2019年。

Christensen, C. M. 著，玉田俊平太（監修），伊豆原弓（翻訳）『イノベーションのジレンマ』翔泳社，2001年。
近能善範・高井文子著『コア・テキストイノベーション・マネジメント』新世社，2010年。
土井教之・宮田由紀夫編『イノベーション論入門』中央経済社，2015年。

第16章　企業の社会的責任（CSR）

第１節　企業の社会的責任（CSR）の定義と系譜

企業は経済主体の１つである。では，企業が果たすべき役割は何であろうか。それは，社会のために必要な商品やサービスを生産し提供することである。その実現により，社会的評価は「売上」となり，結果として「利益」となる。しかし，本来は環境問題や人権問題などを含めた社会全体の視点から企業の在り方を捉えていくべきである。こうした考えは，国内外で企業が起こした不祥事を契機に企業の責任問題がクローズアップされるようになり，企業の社会的責任（Corporate Social Responsibility；CSR，以下，場合によってはCSRとする）といわれる。企業の社会的責任は，「企業を取り巻くステークホルダー（利害関係者），社会，環境に対して，企業が果たすべき責任のことである。法的な責任だけでなく，企業活動を通じて社会に提供する価値を含む考え方」[1)]と定義できる。混同しがちなサステナビリティ（Sustainability）という用語は，持続可能性という意味である。CSRと方向性は同じだが，CSRが企業の事業活動を対象とするのに対して，サステナビリティは，より広い観点で捉えられ，国や個人といった社会全体を対象とする。また，SDGsは，サステナビリティの「持続可能な開発」の根底として2030年の達成を目指し，「持続可能な開発目標」という形で具体的目標に落とし込んだものである。

ここで，企業の社会的責任の系譜について整理する。

企業の社会的責任の議論が活発化したのは最近のことではない。日本では

1960年代，重化学工業を中心に多くの産業が大きく進展した。しかし，高度経済成長は大気汚染，土壌汚染，水質汚濁などの公害をもたらした。企業のほとんどは1970年代になってからも利益最優先（最大利益の追求）が根底にあり，公害，欠陥商品などの問題はさらに拡大した。この時代の企業は，環境や地域住民への配慮が欠落していたことや，たとえ問題を認識したとしても隠蔽することも珍しいことではなかった。そのため，環境や地域住民，従業員，取引関係者などにまで悪影響を及ぼすことになった。この時代の解決方法の１つは企業に対する罰則規定であり，基本的には罰金を支払うことであった。

この時代には次の２つの活動が一時的に活発化したことが特徴である。

①メセナ（mecenat）

企業による社会貢献活動の総称で，演劇や音楽などの舞台芸術，伝統芸能，建築や映像，文化遺産や歴史的建造物の保護などといった芸術，文化への支援活動に対する支援を指す。（語源はフランス語で，日本語訳は芸術文化支援。）

具体的には，コンサート，美術展，ワークショップ，芸術文化団体の活動に対する資金提供，イベント協賛，コンクールやコンペティションの主催・共催，財団設立などである。

②フィランソロピー（philanthropy）

企業の社会的な公益活動全般を指す。具体的には公益目的の寄付行為や慈善事業，地域社会におけるボランティア活動などがある。（語源は「人類への愛」にもとづく社会貢献活動や慈善活動。）

具体的には，寄付，地球環境保護，子育て支援，ボランティア活動などである。

しかし，高度経済成長期が終わり，景気の低迷を繰り返すうちに企業の社会的責任の議論も落ち着いていくことになった。

この議論が再び活発化したのは1990年代である。その背景には企業の不祥事が度重なったことが根底にある。その内容は，製品・サービス，環境，雇用問題，人権問題，貿易，企業間取引，会計処理といったものまで多岐にわたるところが従来との違いである。さらには，ステークホルダーが，財務状況だけでなくコーポレート・ガバナンス（Corporate Governance：企業統治）[2]や社会貢献，NPO／NGOやインターネットなどから情報を得やすくなったことで，企業として社会的責任を意識せざると得なくなったことがあげられる。

川村は，企業の社会的責任の系譜について，戦後ほぼ10年周期で大きな企業不祥事や企業批判が起こり，CSR理論の再燃を繰り返し，企業は反省・自戒してきたと述べている。そして，それぞれの時代におけるCSRの論議について図表16－1のように整理している。

また，彼は，CSRについて，企業が本業を通じて社会的課題を解決し，社会の持続可能な発展を図るとともに，企業価値の創造や競争力向上に結び付けるべき企業戦略であると述べた[3]。

図表16－1　わが国の「企業の社会的責任」の時代区分

・第Ⅰ期（1960年代）：産業公害に対する企業不信・企業性悪説
⇒住民運動の活発化，現場での個別対応
・第Ⅱ期（1970年代）：石油ショック後の企業の利益至上主義批判
⇒企業の公害部新設，利益還元の財団設立

（企業の社会的責任論の衰退期）
・第Ⅲ期（1980年代）：カネ余りとバブル拡大，時価高騰
⇒企業市民としてフィランソロピー・メセナの展開
・第Ⅳ期（1990年代）：バブル崩壊と企業倫理問題，地球温暖化
⇒経団連憲章の策定
⇒地球温暖化
・第Ⅴ期（2000年代）：相次ぐ企業の不祥事，ステークホルダーの危機感
⇒SRIファンドの登場，CSR格付の普及
⇒CSR組織の設置
⇒2003年は「CSR経営元年」

出所：ニッセイ基礎研究所の特別レポート2川村雅彦「日本の“企業の社会的責任”の系譜（その1）－CSRの変遷は企業改革の歴史－」2004年5月，4頁。

第２節　企業の社会的責任（CSR）の考え方

企業の社会的責任の考え方として代表的なものを取り上げておく。キャロル（Carroll, A. B.）は，企業の社会的責任は，図表16－２に示すような下から積み上げられる階層構造になっていると説明している。

このモデルは全体構造が大まかに図示されているため理解しやすい。その一方で，経済的責任，法的責任，道徳的責任，フィランソロピー的責任という４つの階層（区分）には複数の階層にまたがるものも多いといえる。具体的な指摘として，宮坂純一は「例えば，企業に経済性だけでなく社会性も求めるという流れがあり，"社会的"＝"非経済的"という理解が一般化しているのに，このモデルでは経済的責任も社会的責任に含まれており，矛盾していないのか？……（中略）……社会的責任の具体的内容が曖昧である。」[4]と述べている。

図表16－２　キャロルのCSRピラミッドモデル

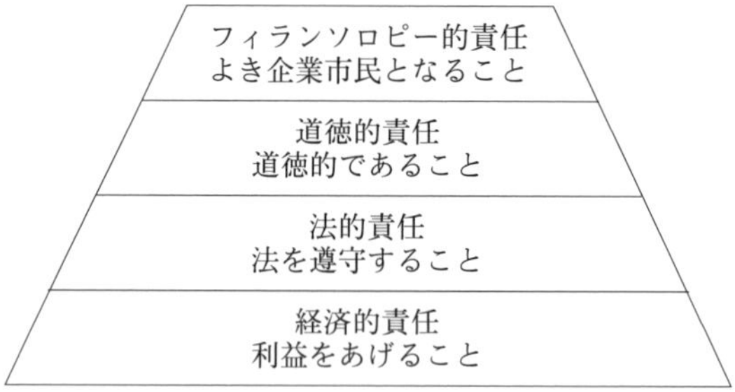

出所：Carroll, A. B. “Pyramid of Corporate Social Responsibility”, Business Horizons, 1991.

では，企業の社会的責任はいったいどうあるべきだろうか。

経済の構成要素には様々な組織があるが，その主体となるものが，政府・企業・家計という「３つの経済主体」と呼ばれるものである。企業は，主に製品・サービスの生産活動を行うわけであるが，その活動における基本は社会生活に求められる製品・サービスの提供をすることである。そうでなければ，資源を無駄にし，従業員や取引関係などの雇用を縮小させることは社会的責任を果たしているとはいえない。今日のような競争の激しい時代では，そのような企業はすぐに淘汰されてしまう。同業種だけでなく業種を問わない提携，地域との連携，技術革新（イノベーション）など，あらゆる戦略や手法によって新たな価値を生み出そうとする姿勢と活動は社会的責任の観点から必要である。

前述の通り，企業は家計，政府と並ぶ経済主体の１つである。企業はステークホルダーのものという考え方を，「企業は社会のもの」という解釈をすることもできる。社会的存在としての企業として，宮坂は，企業には２つの側面があるとして（図表16－３参照），「企業は，人間によって作り出された装置であり，利益を上げなければその存在意義がなくなるが，同時に社会に受け入れられなければ存続することができない，という存在」としている。

図表16－３　企業の２つの側面

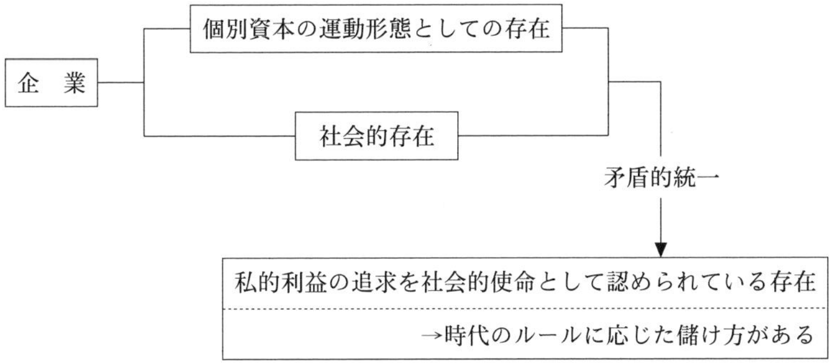

出所：宮坂純一作成[5)]

第3節　企業の社会的責任（CSR）と業績の関係

しかし，CSRを意識した活動は，必ずしも収益目標の達成に近づくとは限らない。それは企業が社会的責任を果たそうとするにあたりコストがかかるためである。名目上は「適正利益」を目指すべき民間企業であるが，実際のところ従来通りの「最大利益の追求」に捉われる企業が多いと考えられる。利益を上げることに必死な状況に置かれている企業であれば，それは致し方ないことである。こうしたことから生まれた考え方がCSV（Creating Shared Value：共通価値の創造）である。これは，ポーター（Porter, M. E.）が提唱した概念で，「経済的価値を創造しながら，社会的ニーズに対応することで社会的価値も創造する」というアプローチである。

これまで，CSRをいかにして業績に結び付けるかという研究は数多くされてきた。その中には，CSRは企業収益に貢献するという研究結果も多く出ている。

この理由について，経営学の観点から主に3つのメリットの説明ができる。

①CSR活動は，周囲のステークホルダーからの評価を高め，企業イメージが向上する。

・CSRが顧客に評価されれば，顧客はその企業製品を積極的に買うかもしれない。

・それをきっかけにより企業としての魅力を与え，優れた人材の獲得につながる可能性もある。

・行政のサポートが得やすくなる可能性も考えられる。

②CSRは自社の人材強化に繋がる。

・CSR活動を通じて多様なステークホルダーと交流することになるため，従業員や管理職の知見が広がる。

・CSR活動をすると社会全体のことを考えるようになるので，経営者・管理職が将来を見通す力を養える。

③取引先との関係強化

・イメージアップやCSR活動による新たな関係が出来上がり，関係強化や取引関係の拡張につながる。

これらがすぐに業績に反映することは難しいが，長期的視点では業績向上と企業競争力の強化につながることが期待できる。

しかし，一方でCSR活動に取り組むことにあたってのデメリットもある。上述したとおり，CSR活動に取り組むことは業績向上が期待できるが，それは長い目で見た場合である。デメリットとして2つがあげられる。

①コストがかかる。

・短期的にコストが集中し，その回収までの余裕がない状況が考えられる。

・長期経営計画という位置づけで考えていく必要がある。

②時間と人手が必要となる。

・本業ではないため，専門部署の設置やプロジェクト・チームを結成するなど人員の増員が必要となることが考えられる。

第4節　CSRマネジメント

CSRの進め方について，日本経済団体連合の「CSR推進ツール」を活用する方法がある。CSRマネジメントについて，兼松はその進め方を図表16－4のように示して説明している[6)]。

【活動内容の検討】

内容の検討にあたっては，自社の経営理念や事業戦略を再確認し，自社の特徴や強みをビジネスや社会に活かせる内容にすることが重要である。

【社内での意思決定】

経営層だけでなく，全社員で取り組んでいくことが重要である。CSRの内容や推進することの意義を全社員で共有すべきである。

【社内体制・運営方法の検討】

各部門からメンバーを選出するなどして，これから活動を推進していく核となるプロジェクト・チームを設置し，CSRに関するあらゆる情報を管理・発信して活動を推進していく。社内の体制をどのように構築し，運営していくかを検討する。

【具体的な取組の実施】

決定した活動内容にもとづき取組を実施する。

【ステークホルダーへの情報開示】

取組内容やその成果を，CSRレポートとしてホームページ上で発信や，時にはステークホルダーに自社の活動やイベントに参加してもらうことで，CSR活動の情報を随時開示し，意見交換することも効果的である。

【改善】

情報開示を行い，そこで得た指摘や意見を踏まえ，常に改善を繰り返しながらレベルアップする。CSR活動を継続して向上させるためにも，PDCA サイクルを回しながら見直すことが重要となる。

図表16－4　CSRの進め方

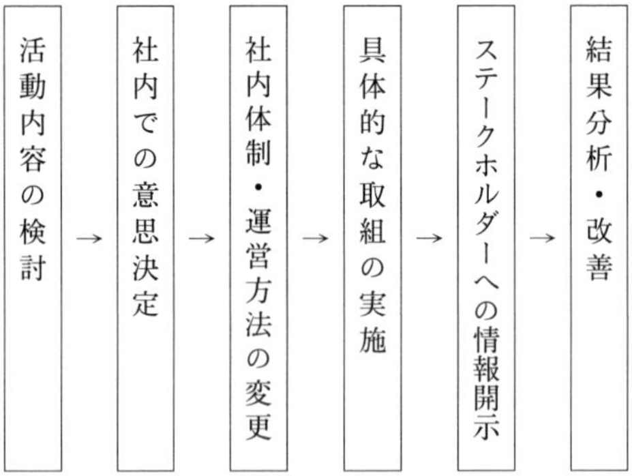

出所：リクルートエージェントホームページ
（https://www.r-agent.com/business/2022年 8 月31日取得）[7)]

今後も企業は，CSRを強く意識し，それをマネジメント（管理）していく必要がある。持続可能な組織のためにも，それは不可欠である。

薄上は，グローバルレベルのCSRマネジメントを推進するための重要なポイントとして次の５つをあげている[8)]。

①経営理念や経営戦略のなかに，環境や社会・人権との関わりの重要性を位置づける。

②企業と社会との関わりの重要性に対する意識を，グローバルレベルで構成メンバー全員に浸透させる。

③グローバルレベルでCSRの実施体制および責任体制を構築・強化する。

④外部の専門家やNPO／NGO，中立的な機関（国際機関など）と連携してCSR活動を推進する。

⑤マイナスの情報も含めて，CSRに関わる情報を定期的に開示する。

注記

1）井原久光編著『経営学入門キーコンセプト』ミネルヴァ書房，2017年，186頁。

2）長年の経緯からすれば「会社（企業）は経営者のもの」という考えから「資本を投下している投資家（株主）のもの」という考えへと変わった。さらにそれは「社会のもの」という解釈までもある。本書では，コーポレート・ガバナンスを「企業は株主のものという一般的な考えのもとで企業経営を監視する仕組み」と説明しておく。

3）ニッセイ基礎研究所の特別レポート２　川村雅彦「日本におけるCSRの系譜と現状」ニッセイ基礎研究，2009年２月。

4）水野清文編著『現代経営学の構図』五絃舎，2020年，第13章で宮坂純一執筆（133頁）。

5）水野清文編著，同上書，五絃舎，2020年，第13章で宮坂純一作成（134頁）。

6）リクルートエージェントホームページの兼松真理「【事例つき】CSRとは？活動の種類や企業のメリット・デメリット，進め方を解説」（https://www.r-agent.com/business/ 2022年８月31日取得）。

7）同上。

8）薄上二郎著『テキスト経営学入門　―研究方法論から企業のグローバル展開まで―』中央経済社，2007年，254頁。

参考文献

井原久光編著『経営学入門キーコンセプト』ミネルヴァ書房，2017年。

ニッセイ基礎研究所の特別レポート２　川村雅彦「日本の“企業の社会的責任”の系譜（その1）―CSRの変遷は企業改革の歴史―」ニッセイ基礎研究，2004年５月。（https://www.nli-research.co.jp/report/detail/id=36344?site=nli 2022年８月31日取得）

ニッセイ基礎研究所の特別レポート2 川村雅彦「日本の“企業の社会的責任”の系譜（その2）―CSRの“うねり”は企業経営の価値転換へ―」ニッセイ基礎研究，2005年5月（https://www.nli-research.co.jp/report/detail/id=36577?site=nli2022年8月31日取得）。
ビジネスオンライン2014年7月29日掲載（https://business.nikkei.com/atcl/seminar/19/00059/083000169/2022年8月31日取得）。
水野清文編著『現代経営学の構図』五絃舎，2020年。
リクルートエージェントホーリクルートエージェントホームページの兼松真理「【事例つき】CSRとは？活動の種類や企業のメリット・デメリット，進め方を解説」（https://www.r-agent.com/business/ 2022年8月31日取得）。
Archie B. Carroll “Pyramid of Corporate Social Responsibility”, Business Horizons, 1991.

執筆者紹介（執筆順，＊は編者）

髙木直人*（たかぎ　なおひと）：第１章・第３章・第４章・第５章・第７章

名古屋学院大学 商学部　教授　修士（経営学）

水野 清文*（みずの　きよふみ）：第２章・第６章・第８章・第９章・第12章・第16章

名古屋学院大学 商学部　教授　修士（経営学）

杉山 拓也（すぎやま たくや）：第４章・第５章

名古屋情報専門学校　修士（経営学）

石原 俊之（いしはら としゆき）：第10章

中小企業診断士　修士（経済学）

豊岡　博（とよおか　ひろし）：第11章

名古屋学院大学 商学部　教授 修士（商学）

濵　満久（はま　みつひさ）：第13章

名古屋学院大学 商学部　教授　博士（商学）

岡本　純（おかもと　じゅん）：第14章

名古屋学院大学 商学部　教授　経営学修士（MBA）

杉浦礼子（すぎうら　れいこ）：第15章

名古屋学院大学 商学部　教授　博士（学術）

編者紹介

髙木直人（たかぎ　なおひと）

最終学歴　九州産業大学大学院 経営学研究科 博士後期課程
現　　在　名古屋学院大学 商学部 教授「経営学総論」などを担当
主な著書　髙木直人編著『経営学へのご招待』五絃舎，2017年
佐野薫・江利川良枝・髙木直人編著『アルバイトから学ぶ仕事入門〈第 2 版〉』中央経済社，2022年

水野清文（みずの　きよふみ）

最終学歴　愛知学院大学大学院 経営学研究科 博士後期課程
現　　在　名古屋学院大学 商学部 教授「経営学総論」などを担当
主な著書　宮坂純一・水野清文編著『現代経営学』五絃舎，2017年
水野清文編著『現代経営学の構図』五絃舎，2020年

現代経営学の本質

2023年 4 月10日　第 1 刷発行

編　著：髙木直人・水野清文
発行者：長谷雅春
発行所：株式会社五絃舎
〒173-0025　東京都板橋区熊野町46-7-402
TEL・FAX：03-3957-5587
e-mail：gogensya@db3.so-net.ne.jp
組　版：Office Five Strings
印　刷：モリモト印刷
ISBN978-4-86434-166-0